AFRIKAANS HANDBOOK & STUDY GUIDE™

An English student's guide to Afrikaans

Written in English and colour coded for easy understanding and learning

COVERS THE FUNDAMENTALS OF AFRIKAANS AND COMPLEMENTS ANY CLASS TEXT

Senior Primary to Matric

Beryl Lutrin

| NOW INCLUDES | Taal Letterkunde | Mondeling Begripstoets | Skryfwerk Woordeskat |

© Berlut Books

ABOUT THE AUTHOR

BERYL LUTRIN

BERYL LUTRIN is an Afrikaans teacher with a special interest in Remedial Education. She gained valuable teaching experience at Crossroads Remedial School in Johannesburg, and has put these principles into general teaching practice. She believes that in order to be understood, work has to be presented in a simple, visual and logical manner. She enjoys reducing content and concepts to their simplest forms. The philosophy of her teaching is that once a student has grasped the basics, he or she is able to grow and develop from there.

In 1999 Beryl wrote the first edition of **The Afrikaans Handbook and Study Guide™**, which has become a best seller in South Africa. She wrote the book after finding that her ex-students were using her primary school notes at high school and even up to matric level. This reinforced that *'simple is better'*. She realised that content should not be based according to age or school grade, but rather logically developed, irrespective of these. She has used English explanations throughout the book, which is what makes it so unique. She believes that students must understand what they are learning, if they are to retain and apply their knowledge.

Beryl is acutely aware of what students and teachers want and need. **The Afrikaans Handbook and Study Guide™** is the work of a lifetime of teaching - classroom, private, remedial and teacher upliftment.

Based on the success of **The Afrikaans Handbook and Study Guide™**, Beryl has co-written **The English Handbook and Study Guide™** with Marcelle Pincus. This book is also a best seller and is currently being used by English First and Second Language schools throughout the country. It is being published internationally by Heinemann Publishers in Oxford, England.

Beryl's love of teaching has influenced many of her students to become teachers. This is one of her proudest achievements.

REVISED EDITION - SEPTEMBER 2004

The first edition of **The Afrikaans Handbook and Study Guide™** was published in September 1999. It was an immediate success and is loved by students, teachers and parents. It contains mainly Taal and Woordeskat and it was always intended that the book should be revised to include all sections of Afrikaans being taught and being tested in schools. This has now been done.

The addition of Begripstoets, Skryfwerk, Letterkunde and Mondeling will be welcomed.

REVISED EDITION - SEPTEMBER 2009

A Teacher's Guide has now been incorporated into the book. This will help teachers in their preparation and give them ideas and guidance in their classroom teaching.

INHOUD - CONTENTS

	FOREWORD	4
A	TAAL - LANGUAGE	5-59
B	BEGRIPSTOETS - COMPREHENSION	60-68
C	SKRYFWERK - WRITING	69-83
D	LETTERKUNDE - LITERATURE	84-90
E	MONDELING - ORAL COMMUNICATION	91-95
F	WOORDESKAT - VOCABULARY	96-115
G	HINTS TO IMPROVE YOUR AFRIKAANS	116
H	IDEAS FOR TEACHERS	117-118
I	TEACHING AFRIKAANS IN CONTEXT	119 - 121
J	'N ONDERWYSERGIDS - TEACHERS GUIDE	123
K	KOPIEREGBRIEF - COPYRIGHT LETTER	132
L	TAALGIDS VIR TEMAS - GUIDE FOR THEMES	Inside Back Cover

Each section is preceded by a more comprehensive summary of contents.

© Berlut Books

FOREWORD

STUDENTS

The Afrikaans Handbook and Study Guide™ is what students want and need - everything in one book, explained simply and concisely in English.

The outcome of learning Afrikaans is that it should be practical and useful. Vocabulary, especially, is crucial for the development of the necessary communicative skills. When one looks at the different examination requirements, it is clear that the student will need the following skills:

- **Vocabulary and Spelling** - everyday words, high frequency words and words relating to various topics and themes
- **Oral Communication** - ability to converse effectively, answer questions, ask questions and follow instructions
- **Comprehension and Reading** - ability to read and understand written texts as well as to formulate and express opinions
- **Language** - ability to formulate sentences clearly and correctly, using language that is competent and appropriate
- **The Writing Process** - students should be able to express themselves correctly and competently by using the various writing types, styles and formats
- **Literature** - all the above skills are necessary for the reading, understanding and answering of questions in literature

The Afrikaans Handbook and Study Guide™ covers all these aspects. It is a classroom textbook and a reference book that will accompany students from Senior Primary to Matric.

TEACHERS

This book will be an invaluable aid to teachers. It is not meant to be used in isolation, but rather in conjunction with regular lessons and other textbooks. The value is that students will have a comprehensive set of notes, which can be used according to the level being taught. Once taught, each section can simply be revised and updated each year, freeing the teachers from having to reteach from the beginning. Teachers can teach via themes, and practise all the 'taal' structures within each theme, in the knowledge that this handbook can be used as a reference (see inside back cover). They can also reasonably expect students to write and speak on various topics, now that the vocabulary is accessible to them.

ACKNOWLEDGEMENTS

I would like to thank my husband, Milton, my children and my parents for their support and encouragement. My son, Justin, deserves special mention for his invaluable assistance to me. My grateful thanks go to Isabel van Achterbergh for ensuring that I produced 'Suiwer Afrikaans' and to Loren Vita for making Afrikaans come alive in the design and typesetting.

Revised Edition September 2009 - This book is now 10 years old. Thank you to all the teachers, students and parents who have made it into the popular, much loved book that it is today.

BERYL LUTRIN
B.A. (Wits)   H.E.D. (J.C.E.)

> This book is dedicated to all my students, past, present and future.

TAAL - LANGUAGE
SUMMARY OF CONTENTS

1	**Algemene Reëls** - Some General Rules	6
2	**Die Klanke** - The Vowel Sounds	7
3	**Meervoud** - Plurals	8
4	**Verkleinwoorde** - Diminutives	10
5	**Trappe van Vergelyking** - Degrees of Comparison	12
6	**Byvoeglike Naamwoorde** - Adjectives	14
7	**Bywoorde** - Adverbs	15
8	**Geslag** - Gender	16
9	**Dieregeluide** - Animal Sounds	17
10	**Mense, Lande en Tale** - People, Countries and Languages	17
11	**Woordorde** - Word Order	18
12	**Leestekens** - Punctuation	19
13	**Die Tye** - Tenses	20-23
14	**Voegwoorde** - Conjunctions	24-27
15	**Die Negatief/Ontkennende Vorm** - The Negative	28-30
16	**Voornaamwoorde** - Pronouns	31
17	**Betreklike Voornaamwoorde** - Relative Pronouns	32
18	**Lydende en Bedrywende Vorm** - Passive And Active Voice	34
19	**Indirekte Rede** - Indirect Speech	36
20	**Deelwoorde** - Participles	38
21	**Vraagsinne** - Question Sentences	39
22	**Die Infinitief** - The Infinitive	40
23	**Blyk en Skyn** - Seems or Appears	41
24	**Voorsetsels** - Prepositions	42
25	**Afkortings** - Abbreviations	44
26	**Tyd en Getalle** - Time and Numbers	45
27	**Sinonieme** - Synonyms	46
28	**Antonieme** - Opposites	47
29	**Vergelykings** - Similes	48
30	**Intensiewe/Versterkte Vorm** - Intensive Vorm	49
31	**Samestellings** - Compound Words	50
32	**Idiomatiese Uitdrukkings** - Idiomatic Expressions	51
33	**Algemene Foute** - Common Errors	52-56
34	**Suiwer Afrikaans** - 'Correct' Afrikaans	57
35	**Woordsoorte** - Parts of Speech A General Overview	58

ALGEMENE REËLS - SOME GENERAL RULES

1. Afrikaans is a phonic language. You spell it as you *say* it.
   If you know the klanke (sounds) you can read and spell most words.

2. If it's one thing, then it's written as one word
   e.g. aandete, kinderdokter, klaskamer

3. There are no c's, q's or x's   (unless the words are borrowed from other languages e.g. ricotta kaas)
   e.g. kas, kwaad, ekstra

4. If it sounds like an f at the beginning of a word, then it's probably a v
   e.g. vyf, voet, vinger, vriend   (but fiets, fout) *

5. If it sounds like a v at the beginning of a word, then it's a w
   e.g. wit, Wetenskap, Wiskunde

6. The d and the t at the end of a word sound the same
   e.g. sout, goud, kind

7. In Afrikaans we get a 'silent e' and a 'silent i' which make the vowel sound long
   e.g. asem, kokende, woning, tering

8. The kappie (^) and the deelteken (¨) are punctuation marks and help us to read the words
   e.g. wêreld, skêr, ge/ëet, koe/ël

9. Afrikaans is logical and based on rules.
   Always try to find the rule that is being tested.

This is your book. Enjoy it and apply what you learn!

DIE KLANKE - THE VOWEL SOUNDS

Afrikaans is a phonic language. As you sound it, so you spell and read it.
It is essential to know the vowel sounds (klanke), as all Afrikaans spelling and reading is based on this.

THE KLANKE ARE DIVIDED INTO:
(a) short vowels   (b) twin vowels   (c) double (long) vowels   (d) triple vowels

This forms the basis of Afrikaans spelling. The Meervoud, Verkleinwoord, Trappe van Vergelying and Byvoeglike Naamwoorde are based on this.
(The English sound is included in brackets.)

SHORT VOWELS	TWIN VOWELS	DOUBLE/LONG VOWELS	TRIPLE VOWELS
a (cup) man kas vakansie	aa (ah!) maan kaas verstaanbaar	ae (ah/a) hael vraend pronounced as 2 syllables	aai (why) slaai draai braaivleis
e (pen) pen nek eksamens	ee (ear) peer neef kleedkamer	eu (Ian) seun neus reusagtig	eeu (phew!) leeu sneeu eeufees
o (cork) kop grot bottel	oo (poor) koop groot stoomboot	ou (goat) koud vrou skouers	ooi (toy) rooi mooi toernooi
u (a...) brug vrugte kultureel	uu (grieve) vuur nuus muurbal	oe (book) boek skoen moedeloos	oei (phoey) koei groei bloeisels
i (trip) dit vis vinnig		ie (sick) siek pienk piekniek	**KAPPIE EN DEELTEKEN** ê & ë act as punctuation marks
		ei (train) klein vleis skeidsregter	ê sê skêr wêreld ê emphasises the letter
	DOUBLE/LONG VOWELS continued y (hay) hy prys medisyne	ui (praise) huis tuin luister	ë geëet koeël pasiënt ë tells us to divide the word just before it

MEERVOUD - PLURALS

EEN	BAIE
SHORT VOWEL	
pan	panne
kop	koppe
vis	visse
ster	sterre

EEN	BAIE
ENDING IN og	
oog	oë
oorlog	oorloë
elmboog	elmboë

EEN	BAIE
ENDING IN ing	
koning	konings
piering	pierings
piesang	piesangs
*leerling	*leerlinge

EEN	BAIE
TWIN VOWELS	
maan	mane
boot	bote
muur	mure

EEN	BAIE
ENDING IN ag	
vraag	vrae
dag	dae
vlag	vlae

EEN	BAIE
MULTI SYLLABLE WORD + r	
motor	motors
onderwyser	onderwysers
ouer	ouers

EEN	BAIE
DOUBLE VOWELS	
dier	diere
voet	voete
huis	huise

EEN	BAIE
WORDS THAT GET ë	
vlieg	vlieë
ploeg	ploeë
knie	knieë
see	seë

EEN	BAIE
ENDING IN ie	
baadjie	baadjies
katjie	katjies
hondjie	hondjies
boompie	boompies

EEN	BAIE
DOUBLE CONSONANTS	
vark	varke
dorp	dorpe
present	presente

EEN	BAIE
SHORT VOWEL + f	
gif	giwwe
stof	stowwe
straf	strawwe

EEN	BAIE
ENDING IN SHORT VOWEL + EMPHASIS ON VOWEL	
ma	ma's
foto	foto's
skadu	skadu's

EEN	BAIE
ENDING IN ig	
gesig	gesigte
lig	ligte
plig	pligte

EEN	BAIE
TWIN/DOUBLE VOWEL/ VOWEL CONSONANT + f	
stoof	stowe
slaaf	slawe
duif	duiwe
verf	verwe

EEN	BAIE
SHORT VOWEL ENDING + EMPHASIS ON FIRST SYLLABLE	
ouma	oumas
oupa	oupas
sofa	sofas

EEN	BAIE
WORDS THAT GET ers	
kind	kinders
kalf	kalwers
lam	lammers

EEN	BAIE
WORDS ENDING IN heid	
besigheid	besighede
moeilikheid	moeilikhede
moontlikheid	moontlikhede

EEN	BAIE
WORDS IN ENDING IN man	
Engelsman	Engelse
Fransman	Franse
buurman	bure
polisieman	polisie

© Berlut Books

EEN	BAIE	EEN	BAIE	EEN	BAIE
WORDS GETTING ens		**WORDS GETTING te**		***EXCEPTIONS** 	
bad	bad**dens**	bees	bees**te**	bevel	bevele
bed	bed**dens**	fees	fees**te**	blad	blaaie
gevoel	gevoel**ens**	graf	graf**te**	brug	brûe
hawe	haw**ens**	kas	kas**te**	buurman	bure
lewe	lew**ens**	lys	lys**te**	eetding	eetgoed
nooi	nooi**ens**	nes	nes**te**	gat	gate
vrou	vrou**ens**	pianis	pianis**te**	glas	glase
wa	wa**ens**	prefek	prefek**te**	hemp	hemde
		produk	produk**te**	hof	howe
WORDS ENDING IN uig		toeris	toeris**te**	lid	lede
		tydskrif	tydskrif**te**	nag	nagte
vliegt**uig**	vliegt**uie**	violis	violis**te**	pad	paaie
voert**uig**	voert**uie**	voorskrif	voorskrif**te**	rug	rûe
vaart**uig**	vaart**uie**			skip	skepe
		LETTERS OF THE ALPHABET		speelding	speelgoed
WORDS ENDING IN us				spel	spele
		a	a's	stad	stede
medik**us**	medikus**se**/ medi**ci**	b	b's	tyd	tye
historik**us**	historikus**se**/ histori**ci**	e	e's		
politik**us**	politikus**se**/ politi**ci**	* m	m'e		
		* n	n'e		
		* x	x'e		

HOW 'MEERVOUD' IS TESTED

1. We will know they want the plural because they will use words such as baie, talle, almal, die hele land, al die mense, verskeie etc.
2. They might leave out the 'n.
   Say baie before the word, and this will help you to 'feel' it.

   By die winkel het ek 'n boek, nuusblad en 'n pen gekoop.
   By die winkel is baie boek**e**, nuusbl**aaie** en pen**ne**.
   Talle winkels verkoop boek**e**, nuusbl**aaie** en pen**ne**.
   Almal koop boek**e**, nuusbl**aaie** en pen**ne** by die winkels.
   Verskeie winkels verkoop 'n **verskeidenheid** boek**e**, nuusbl**aaie** en pen**ne**.

> The **bold font** is the stimulus you are given, which needs to be continued.

VERKLEINWOORDE - DIMINUTIVES

GROOT	KLEIN		GROOT	KLEIN		GROOT	KLEIN

SHORT VOWEL + k, p, g & s

kop	koppie
bek	bekkie
rug	ruggie
kas	kassie

SHORT VOWEL + n

man	mannetjie
son	sonnetjie
pen	pennetjie

DOUBLE VOWEL OR 2 SYLLABLES + r

vloer	vloertjie
ven/ster	venstertjie
mo/tor	motortjie
sus/ter	sustertjie

TWIN VOWELS

aap	apie
rook	rokie
neef	nefie

LONG VOWEL + n

boon	boontjie
tuin	tuintjie
skoen	skoentjie

ANY WORD ENDING IN t

kat	katjie
boot	bootjie
present	presentjie

DOUBLE VOWEL OR CONSONANTS

neus	neusie
broek	broekie
vurk	vurkie

SHORT VOWEL + l

bal	balletjie
vel	velletjie
rol	rolletjie

ANY WORD ENDING IN d

hoed	hoedjie
mond	mondjie
potlood	potloodjie

SHORT VOWEL + m

kam	kammetjie
som	sommetjie
rem	remmetjie

DOUBLE VOWELS OR 2 SYLLABLES + l

stoel	stoeltjie
ta/fel	tafeltjie
ron/da/wel	rondaweltjie

1 SYLLABLE + ing, ang, ong

ring	ringetjie
slang	slangetjie
long	longetjie

SHORT VOWEL + r

kar	karretjie
ster	sterretjie
nar	narretjie

LONG VOWEL, DOUBLE CONSONANT, 2 OR MORE SYLLABLES + m

boom	boompie
be/sem	besempie
arm	armpie
skelm	skelmpie
bruid/e/gom	bruidegompie

2 OR 3 SYLLABLES + ing

kon/ing	koninkie
hein/ing	heininkie
gar/ing	garinkie
te/ken/ing	tekeninkie
ver/skon/ing	verskoninkie

GROOT	KLEIN	GROOT	KLEIN	GROOT	KLEIN
ENDING IN ie		**ENDING IN AN EMPHASISED SHORT VOWEL**		**PLURALS** (see No.2 below)	
mandj**ie**	mandjie**tjie**	m**a**	m**a'tjie**	hond**e**	hondjie**s**
horlos**ie**	horlosie**tjie**	plat**o**	plat**o'tjie**	bom**e**	boompie**s**
vakans**ie**	vakansie**tjie**	hoer**a**	hoer**a'tjie**	kopp**e**	koppie**s**
meis**ie**	meisie**tjie**	safar**i**	safar**i'tjie**	torped**o's**	torped**o'tjies**

GROOT	KLEIN	GROOT	KLEIN
LETTERS OF THE ALPHABET		***EXCEPTIONS***	
a	a**'tjie**	blad	bl**aa**djie
b	b**'tjie**	gat	g**aa**tjie
d	d**'tjie**	nooi	nooi**en**tjie
e	e**'tjie**	pad	p**aa**djie
*f	f**'ie**	spel	spel**et**jie
		vat	v**aa**tjie
		wa	wa**en**tjie

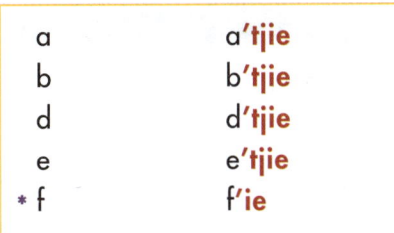

HOW 'VERKLEINWOORDE' ARE TESTED

1. We will know that they want the verkleinwoord because they will use words such as **klein**, **oulike, miniatuur, smal, vlak, kort** etc.
   Say **klein** before the word, and this will help you to *'feel'* it.

2. If they give you a **plural** to make small, take out the plural, make it small, and then add an **s**.

   a. Die moeder voël gee wurms vir haar baba wat klein is.
      Die moeder gee haar **(klein voël)** *voëltjie* **(klein wurms)** *wurmpies* om te eet.

   b. Op skool is daar 'n klaskamer, banke, stoele en baie prente.
      By die klein kleuterskooltjie is daar 'n *klaskamertjie, bankies, stoeltjies,* en *baie prentjies*.

   c. Die man het 'n hond met 'n leiband.
      Die **kort** *mannetjie* het 'n **klein** *hondjie* met 'n **kort** *leibandjie*.

   > The **bold font** is the stimulus you are given, which needs to be continued.

TRAPPE VAN VERGELYKING
DEGREES OF COMPARISON

Column A is the Positive Form and describes something as it is.
Column B is the Comparative Form, used to compare two people or things.
Column C is the Superlative Form, used to compare more than two people or things.

The main change occurs in Column B because we are adding an 'er', which often affects the vowel. Column C is simply Column A + ste.

SHORT VOWEL

A	B	C
dik	dikker	dikste
dun	dunner	dunste
vet	vetter	vetste

TWIN VOWELS

A	B	C
skoon	skoner	skoonste
laat	later	laatste
geel	geler	geelste

DOUBLE VOWELS OR CONSONANTS

A	B	C
vuil	vuiler	vuilste
koel	koeler	koelste
hard	harder	hardste

ENDING IN r

A	B	C
ver	verder	verste
duur	duurder	duurste
lekker	lekkerder	lekkerste

ENDING IN lik

A	B	C
maklik	makliker	maklikste
lieflik	liefliker	lieflikste
oulik	ouliker	oulikste

ENDING IN ig

A	B	C
vinnig	vinniger	vinnigste
besig	besiger	besigste
stadig	stadiger	stadigste

SHORT VOWEL + g

A	B	C
sag	sagter	sagste
lig	ligter	ligste
sleg	slegter	slegste

LONG VOWEL + g

A	B	C
hoog	hoër	hoogste
laag	laer	laagste
leeg	leër	leegste
droog	droër	droogste
moeg	moeër	moegste
vroeg	vroeër	vroegste

LONG VOWEL + d

A	B	C
koud	kouer	koudste
breed	breër	breedste
kwaad	*kwater	kwaadste

ENDING IN s

A	B	C
los	losser	losste
boos	boser	boosste
fluks	flukser	fluksste

ENDING IN A LONG VOWEL

A	B	C
blou	blouer	blouste
mooi	mooier	mooiste
kwaai	kwaaier	kwaaiste

	A	B	C
	SHORT VOWEL + f		
	grof	growwer	grofste
	laf	lawwer	lafste
	muf	muwwer	mufste

	A	B	C
	LONG VOWEL OR CONSONANT + f		
	lief	liewer	liefste
	doof	dower	doofste
	styf	stywer	styfste
	skurf	skurwer	skurfste

	A	B	C
	ENDING IN u		
	slu	sluwer	sluuste
	ru	ruwer	ruuste

	A	B	C
	ENDING IN de or e		
	tevrede	meer t...	mees t...
	opgewonde	meer o...	mees o...
	beskeie	meer b...	mees b...
	verleë	meer v...	mees v...

	A	B	C
	EXCEPTIONS		
	baie	meer	die meeste
	bietjie	minder	die minste
	dikwels	meermale	die meeste
	goed	beter	beste
	jonk	jonger	jongste
	lank	langer	langste
	nuut	nuwer	nuutste
	selde	minder	minste

HOW 'TRAPPE VAN VERGELYKING' ARE TESTED

The positive form of the adjective is usually given, and you have to give either the comparative or superlative form of it.

> Once again try and think what it would have been in English.
> Always try to find the **adjective** in the sentence, because this is the word that changes.

1. **If you compare two things or people, you use the comparative form (column B).**
   If you compare more than two things or people, you use the superlative form (column C).

   Ek studeer baie vakke op skool.   Engels is (**maklik**) makliker as Afrikaans, maar Wiskunde is die (**moeilik**) moeilikste.

2. **If they give you an 'as' (meaning than), they want the comparative form.**
   Die seun is (**groot**) groter **as** sy suster.

3. a. **If they give you 'Hoe ... hoe', you must use the comparative form.**
   b. **If they give you a 'die' before the adjective, you must use the superlative form.**

   Die kinders het hard gewerk en hulle het goed gedoen.
   Hoe harder die kinders gewerk het, **hoe** beter het hulle gedoen.
   Die kinders wat **die** hardste werk, sal **die** beste doen.

   Die atleet het vinnig gehardloop en hy het maklik gewen.
   Hoe vinniger die atleet gehardloop het, **hoe** makliker het hy gewen.
   Die atleet wat **die** vinnigste hardloop, sal **die** maklikste wen.

   > The **bold font** is the stimulus you are given, which needs to be continued.

4. **They may even give you hoe ..., hoe ... en hoe ...**
   (hoe ... verb to end,   hoe ... adjective verb,   en hoe ... adjective verb)

   Jy werk hard; daarom is jou resultate goed en jou ouers is gelukkig.
   Hoe harder jy werk, **hoe** beter is jou resultate en **hoe** gelukkiger is jou ouers.

BYVOEGLIKE NAAMWOORDE - ADJECTIVES

These often follow the same pattern as Column B of Trappe van Vergelyking, but **without the 'r'**.
(Exceptions are marked with an *)   (also see pg. 110 - List of Adjectives)   (see pg. 12)

seker/ik - surely

SHORT VOWEL
Die seep is gl**a**d	Die gl**a**d**de** seep
Die dag is genotv**o**l	Die genotv**o**l**le** dag

TWIN VOWELS
Die man is wr**ee**d	Die wr**e**d**e** man
Die vrou is spaars**aa**m	Die spaars**a**m**e** vrou

DOUBLE CONSONANTS
Die stoel is ha**rd**	Die ha**rde** stoel
Die kind is flu**ks**	Die flu**kse** kind

SHORT VOWEL + f
Die kamer is mu**f**	Die mu**wwe** kamer
Sy vel is gro**f**	Sy gro**wwe** vel

TWIN VOWEL + f
Die man is doo**f**	Die d**owe** man
Die kêrel is gaa**f**	Die g**awe** kêrel

DOUBLE CONSONANT + f
Die eier is ha**lf**	Die ha**lwe** eier
Die hande is sku**rf**	Die sku**rwe** hande

SHORT VOWEL + g
Die kussing is sa**g**	Die sa**gte** kussing
Die sakkie is li**g**	Die li**gte** sakkie

LONG VOWEL + g
Die berg is hoo**g**	Die h**oë** berg
Die stoel is laa**g**	Die l**ae** stoel
Die kind is moe**g**	Die m**oeë** kind
Die trein is vroe**g**	Die vr**oeë** trein
Die glas is lee**g**	Die l**eë** glas

LONG VOWEL + d
Die water is kou**d**	Die k**oue** water
Die pad is bree**d**	Die br**eë** pad
Die straat is wy**d**	Die w**ye** straat
Die man is ou**d**	Die **ou** man*
Die bok is doo**d**	Die doo**ie** bok*
Die kind is goe**d**	Die goe**ie** kind*

WORDS ENDING IN lik
Die kos is smaak**lik**	Die smaaklik**e** kos
Die som is moei**lik**	Die moeilik**e** som

WORDS ENDING IN ig
Die tuin is pragt**ig**	Die pragtig**e** tuin
Die man is bes**ig**	Die besig**e** man

ADJECTIVES ENDING IN ing IN ENGLISH
Die water **kook**	Die ko**kende** water (boiling)
Die skip **sink**	Die sink**ende** skip (sinking)
Die voëls **sing**	Die sing**ende** voëls (singing)

COLOURS NEVER CHANGE
Die rok is **rooi**	Die **rooi** rok
Die sneeu is **wit**	Die **wit** sneeu
Die skoene is **swart**	Die **swart** skoene
Die ring is **goud**	Die **goue** ring*

*THE FOLLOWING WORDS DON'T CHANGE
Die koffie is **bitter**	Die **bitter** koffie
Die vegter is **dapper**	Die **dapper** vegter
Die boek is **dik**	Die **dik** boek
Die trein is **laat**	Die **laat** trein
Die kos is **lekker**	Die **lekker** kos
Die blomme is **mooi**	Die **mooi** blomme
Die klere is **skoon**	Die **skoon** klere
Die borde is **vuil**	Die **vuil** borde
Die pasiënt is **siek**	Die **siek** pasiënt
Die druiwe is **suur**	Die **suur** druiwe
Die tas is **swaar**	Die **swaar** tas
Die vrou is **vet**	Die **vet** vrou
Die water is **warm**	Die **warm** water
Die hondjie is **bang**	Die **bang** hondjie
Die straatkinders is **arm**	Die **arm** straatkinders
Die brood is **vars**	Die **vars** brood
Die miljoenêr is **ryk**	Die **ryk** miljoenêr

* Words expressing emotion get the 'e'
Die bedelaar is **arm**	Die arm**e** pasiënt
Die afskeid was **bitter**	Die bitter**e** afskeid
Die vrugte is **ryp**	Op 'n ryp**e** ouderdom

*MORE EXCEPTIONS
Die man is **lank**	Die **lang** man
Die seuntjie is **jonk**	Die **jong** seuntjie
Die klere is **nuut**	Die **nuwe** klere

© Berlut Books

BYWOORDE - ADVERBS

As in English, there are 3 types of adverbs: Time **(Tyd)**, Manner **(Wyse)** and Place **(Plek)**.

tyd	wanneer?	Ek het **laat** gekom.
wyse	hoe?	Ek het **gou** gehardloop.
plek	waar?	Ons het **daarheen** gegaan.

If there is more than one adverb in a sentence, we follow the S v1 T O M P v2 I word order. (see pg. 18)

  T M P
Die vrou het *gister haastig daarheen* gegaan.

This is often tested in the Lydende vorm - Die kos is **gisteraand geheimsinnig uit die koelkas** geneem.

YOU MAY BE ASKED TO SUPPLY ONE WORD FOR A PHRASE OR GROUP OF WORDS:

in die oggend	- **soggens**	(in the morning)
in die aand	- **saans**	(in the evening)
in die middag	- **smiddags**	(in the afternoon)
in die nag	- **snags**	(in the night)
in die dag	- **bedags**	(in the day)
elke dag	- **daagliks**	(daily)
elke week	- **wekliks**	(weekly)
elke maand	- **maandeliks**	(monthly)
elke jaar	- **jaarliks**	(yearly, annually)
by die huis	- **tuis**	(at home)
binne	- **binnekant**	(inside)
buite	- **buitekant**	(outside)
hierdie dag	- **vandag**	(today)
hierdie môre	- **vanmôre**	(this morning)
hierdie middag	- **vanmiddag**	(this afternoon)
hierdie aand	- **vanaand**	(this evening)
hierdie jaar	- **vanjaar**	(this year)
die vorige dag	- **gister**	(yesterday)
twee dae gelede	- **eergister**	(the day before yesterday)
die volgende dag	- **môre**	(tomorrow)
die dag na môre	- **oormôre**	(the day after tomorrow)
op hierdie plek	- **hier**	(here)
op daardie plek	- **daar**	(there)
na hierdie plek	- **hiernatoe / hierheen**	(to here)
na daardie plek	- **daarnatoe/daarheen**	(to there)
op 'n spesifieke plek	- **iewers, êrens**	(somewhere)
op geen plek nie	- **nêrens**	(nowhere)
op elke plek	- **orals**	(everywhere)
nou	- **dadelik, onmiddellik**	(immediately)

op die regte tyd	- **betyds**	(on time, punctually)
oor 'n kort tydjie	- **binnekort**	(shortly, soon)
oor 'n rukkie	- **netnou**	(shortly, 'just now')
al die tyd	- **altyd**	(always)
op geen tyd nie	- **nooit**	(never)
sommige van die tyd	- **somtyds**	(sometimes)
hierdie dae	- **deesdae**	(these days, nowadays)
gedurende daardie tyd	- **destyds**	(at that time)
met die verloop van tyd	- **mettertyd**	(in the course of time)
in min woorde	- **kortliks**	(briefly)
baie keer	- **dikwels**	(often)
nie baie keer nie	- **selde, min**	(seldom)
daar is 'n kans	- **miskien, dalk**	(perhaps)
dit is seker	- **sekerlik**	(surely, definitely)
baie lus daarvoor	- **graag**	(very keen, eager)
voor sonop	- **douvoordag**	(just before sunrise)
wanneer die son opkom	- **sonop**	(sunrise)
wanneer die son ondergaan	- **sonsondergang / sononder**	(sunset)
net voor dit donker word	- **skemering**	(dusk)
'n kort entjie daarvandaan	- **naby**	(near)
aan die einde	- **eindelik**	(eventually, at the end)

The following *adverbs of manner* are often tested as opposites **(teenoorgesteldes)** (See pg. 47)

haastig (hastily)	- noukeurig (carefully)
slordig (untidily)	- netjies (neatly)
vinnig (quickly)	- stadig (slowly)

GESLAG - GENDER

MANLIK	VROULIK

FAMILIELEDE - FAMILY MEMBERS

MANLIK	VROULIK
man	vrou
vader	moeder
oupa	ouma
oupagrootjie	oumagrootjie
seun	dogter
seun	meisie
kleinseun	kleindogter
broer	suster
oom	tante
skoonvader	skoonmoeder
skoonseun	skoondogter
swaer	skoonsuster
stiefvader	stiefmoeder
stiefseun	stiefdogter
neef	niggie
broerskind	susterskind
meneer	mevrou / mejuffrou
bruidegom	bruid
strooijonker	strooimeisie
wewenaar	weduwee
buurman	buurvrou
heer	dame
kêrel	nooi
gasheer	gasvrou
oujongkêrel	oujongnooi

ESSE

MANLIK	VROULIK
bibliotekaris	bibliotekar**esse**
sekretaris	sekretar**esse**

ES

MANLIK	VROULIK
bestuurder	bestuurder**es**
eienaar	eienar**es**
prins	prins**es**
sanger	sanger**es**
profeet	profet**es**
kunstenaar	kunstenar**es**
digter	digter**es**
onderwyser	onderwyser**es**
burgemeester	burgemeester**es**
sondaar	sondar**es**
leser	leser**es**
danser	danser**es**
beoordelaar	beoordelar**es**

IN

MANLIK	VROULIK
vriend	vriend**in**
held	held**in**
slaaf	slav**in**
kelner	kelner**in**
koning	koning**in**
god	god**in**

STER

MANLIK	VROULIK
tikker	tik**ster**
leier	leid**ster**
werker	werk**ster**
haarkapper	haarkap**ster**
speler	speel**ster**
skrywer	skryf**ster**
verpleër	verpleeg**ster**
spreker	spreek**ster**

TRISE

MANLIK	VROULIK
akteur	ak**trise**
inspekteur	inspek**trise**
direkteur	direk**trise**
redakteur	redak**trise**
lektor	lek**trise**
eksaminator	eksamina**trise**

E

MANLIK	VROULIK
prinsipaal	prinsipal**e**
assistent	assistent**e**
eggenoot	eggenot**e**
president	president**e**

TE

MANLIK	VROULIK
orrelis	orrelis**te**
pianis	pianis**te**
joernalis	joernalis**te**

ONTHOU

MANLIK	VROULIK
towenaar	heks
monnik	non

MANLIK	VROULIK	
oom		**tante**
of	My oom se vrou is my **tante**.	

DIEREGELUIDE - ANIMAL SOUNDS

'n aap **blaf/babbel** (monkey)
'n beer **brom** (bear)
'n bobbejaan **blaf** (baboon)
'n bok **blêr** (buck)
'n bul **bulk** (bull)
'n by **zoem** (bee)
'n donkie **balk** (donkey)
'n duif **koer** (dove)
'n eend **kwaak/snater** (duck)
'n esel **balk** (donkey/mule)
'n gans **gaggel/blaas/snater** (goose)
'n haan **kraai** (rooster)
'n hen **kekkel** (hen)
'n hond **blaf/knor** (dog)
'n jakkals **tjank** (jackal/fox)
'n kalkoen **koel-koel** (turkey)
'n kanarie **fluit** (canarie)
'n kat **miaau** (cat)
'n koei **bulk** (cow)

'n kraai **kras** (crow)
'n kriek **kriek** (cricket)
'n kuiken **piep** (chicken)
'n lam **blêr** (lamb)
'n leeu **brul** (lion)
'n muis **piep** (mouse)
'n olifant **trompetter** (elephant)
'n padda **kwaak** (frog)
'n perd **runnik** (horse)
'n renoster **snork** (rhinoceros)
'n skaap **blêr** (sheep)
'n slang **sis** (snake)
'n tier **brul** (tiger)
'n uil **hoe-hoe** (owl)
'n vark **snork** (pig)
'n vink **kwetter** (finch)
'n voëltjie **sing/fluit/tjilp** (bird)
'n volstruis **brom** (ostrich)
'n wolf **huil** (wolf)

MENSE, LANDE EN TALE
PEOPLE, COUNTRIES AND LANGUAGES

VOLKE	LANDE	TALE
Die ...	woon in ...	en praat...
Amerikaners	Amerika	Engels
Chinese/Sjinese	China/Sjina	Chinees/Sjinees
Dene	Denemarke	Deens
Duitsers	Duitsland	Duits
Engelse	Engeland	Engels
Franse	Frankryk	Frans
Hollanders	Holland	Hollands
Iere	Ierland	Iers
Indiërs	Indië	Indies
Italianers	Italië	Italiaans
Japanners	Japan	Japanees
Kanadese	Kanada	Engels
Nore (Norweërs)	Norweë	Norweegs
Portugese	Portugal	Portugees
Russe	Rusland	Russies
Skotte	Skotland	Engels
Spanjaarde	Spanje	Spaans
Suid-Afrikaners	Suid-Afrika	Elf verskeie tale
Swede	Swede	Sweeds

WOORDORDE - WORD ORDER

Sal - will

THE GOLDEN RULE IS: 'WHATEVER YOU START WITH, THE VERB COMES NEXT'*

1. We use the mnemonic S$_{v1}$TOMP$_{v2}$I in order to follow the correct word order.

	who/what? S Subject	verb 1	when? T Time	who/what? O Object	how? M Manner	where? P Place	verb 2	to... I Infinitive
present	Die seun	skryf	daagliks	sy werk	netjies	in sy boek		om goed te presteer
past	Die seun	het	daagliks	sy werk	netjies	in sy boek	geskryf	om goed te presteer
future	Die seun	sal	daagliks	sy werk	netjies	in sy boek	skryf	om goed te presteer
	Onderwerp		Tyd	Voorwerp	Wyse	Plek		Infinitief

skryf - to write

2. **You may start with anything other than the object, provided that you put the verb next.**
   *When you start with the object, you are using the Passive Voice (Lydende Vorm).

S	**Die seun skryf** daagliks sy werk netjies in sy boek om goed te presteer.
T	**Daagliks skryf** die seun sy werk netjies in sy boek om goed te presteer.
*O	**Sy werk word** daagliks netjies deur die seun in sy boek geskryf om goed te presteer.
M	**Netjies skryf** die seun daagliks sy werk in sy boek om goed te presteer.
P	**In sy boek skryf** die seun daagliks sy werk netjies om goed te presteer.
I	**Om goed te presteer skryf** die seun daagliks sy werk netjies in sy boek.

3. **If they start with something other than the object,** they are testing whether you understand the sentence, and if you know to put the **verb next.**

    e.g. Die seuns speel elke Woensdag krieket.
    Elke Woensdag *speel* **die seuns krieket.**

4. A very **common mistake** that English speaking students make, is that they put the **verb in the wrong place.** They put the verb after the subject, irrespective of what they start with.
   They tend to say things like:

In die vakansie ek het Durban toe gegaan.	*instead of*	In die vakansie **het** ek Durban toe gegaan.
Om agtuur my familie het vertrek.	*instead of*	Om agtuur **het** my familie vertrek.
Elke aand ek doen my huiswerk.	*instead of*	Elke aand **doen** ek my huiswerk.

5. Negative STOMPI**N**
   If the object is a name or pronoun and the sentence is in the negative, the rule changes.

S	v1	O	N	T	v2	N
   e.g. Hy | **het** | hulle | **nog nooit** | oor die naweek | **gesien oefen** | nie.

REMEMBER: 'WHATEVER YOU START WITH, THE VERB COMES NEXT!' *

LEESTEKENS - PUNCTUATION

A B C	hoofletters (capital letters)	**S**inne begin met hoofletters. **J**an en **M**arie gaan in **F**ebruarie **P**retoria toe.
.	punt (full stop)	Ons vind 'n punt aan die einde van 'n sin.
,	komma (comma)	Sy het brood, botter, melk en eiers gekoop.
( )	hakies (brackets)	Dit was 'n spook (of so het sy gedink!)
?	vraagteken (question mark)	Hoeveel kinders is in jou klas?
!	uitroepteken (exlamation mark)	Eina! Die by het my gesteek.
;	kommapunt (semi-colon)	Hy swem in die somer; hy speel rugby in die winter.
:	dubbelpunt (colon)	Jy het die volgende nodig: papier, potlood en uitveër.
–	aandagstreep (dash)	Dit was 'n spook – of so het hy gedink!
*	asterisk (asterisk)	Hy woon op die hv.* Kerk en Pritchardstraat. (*hoek van)
…	stippels (ellipse)	Word vervolg...
" " ' '	aanhalingstekens (inverted commas / quotation marks)	Moeder sê: "Kinders, julle moet gaan slaap."

WE FOLLOW THE SAME RULES AS IN ENGLISH, WITH THE FOLLOWING EXCEPTIONS:
1. We put a **colon (:)** instead of a comma **before Direct Speech**.
2. We use **commas** before the following **Group 1 Conjunctions**: **,maar** **,want** and **,dog**.
3. We use a **semi-colon (;)** before all **Group 2 Conjunctions**: **;dus** **;daarna** and **;nogtans**.
   However, the following **Group 2 Conjunctions** get a comma: **,al** **,dan** and **,toe**.

> Try to understand the sentence in English before you punctuate it.
> They are also testing your **vocabulary**, by seeing whether you can divide the sentence correctly.

USE OF THE DASH (DIE KOPPELTEKEN) (This is important for spelling purposes.)

- **Compound words** - when the **first word ends in a vowel** and the **second word begins with a vowel**
  twee-uur, sewe-uur, perde-eienaar

- **Repetitions (verdubbeling/herhalings)**
  gou-gou, kort-kort; sukkel-sukkel

- **Compound titles (saamgestelde titels)**
  luitenant-generaal; oud-president

- **Compound words that are joined with an 'en'**
  die haak-en-steek plant
  kaas-en-tamatietoebroodjie

- **-hulle** (and them/those associated with them)
  Marie-hulle; my tante-hulle; my vriendin-hulle

- **Words indicating direction**
  Suid-Afrika; Pretoria-Wes

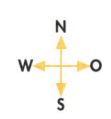

DIE TYE - TENSES

AS IN ENGLISH, THERE ARE 3 TENSES

TEENWOORDIGE TYD	**PRESENT TENSE**	(vandag - today)
VERLEDE TYD	**PAST TENSE**	(gister - yesterday)
TOEKOMENDE TYD	**FUTURE TENSE**	(môre - tomorrow)

> **IF YOU ARE ASKED TO CHANGE THE TENSE:**
> 1. **Read** the sentence. (see Woordorde pg. 18)
> 2. **Underline the verbs.** (This will tell you which rule to follow.) **It is always verb 1 that moves around.**
>
>   v1   v1   v2   v1   v2
>
>   Die seun **lees** 'n boek.   Die seun **het** 'n boek **gelees**.   Die seun **sal** 'n boek **lees**.
>
> 3. **Circle the conjunctions.** (If there is a conjunction, it means that there are 2 sentences, both of which need to be changed.)
> 4. **Bracket the infinitive** (om + te verb) so that you remember to put it to the end. (Sv1TOMPv2I)

1. **If there is just a regular verb we use het + ge for the past tense, and sal for the future tense.**

    Ek **lees** 'n boek.
    Ek **het** 'n boek **gelees**.
    Ek **sal** 'n boek **lees**.

2. **If the verb begins with be, ge, her, er, ont, ver, and mis, we get het but no ge in the past tense.**

be	**ge**	**her**	**er**	**ont**	**ver**	**mis**
begin	**ge**sels	**her**ken	**er**vaar	**ont**moet	**ver**staan	**mis**bruik

    Ek **ver**staan al my werk.   Die seun **ont**moet sy vriende by die bioskoop.
    Ek het al my werk **verstaan**.   Die seun het sy vriende by die bioskoop **ontmoet**.

    (Exceptions are: gebewe   gebêre   gebedel)

3. **If the verb is an is, it changes as indicated:**

    Daar **is** baie mense in Suid-Afrika.   Die eksamens **is** maklik.
    Daar **was** baie mense in Suid-Afrika.   Die eksamens **was** maklik.
    Daar **sal** baie mense in Suid-Afrika **wees**.   Die eksamens **sal** maklik **wees**.

    (If there is a **dis**, remember to change it to **dit is** e.g. dis koud = dit is koud)

4. **If the verb is a het without the ge, it changes as indicated:** (This **het** means that you **have** something.)

    Ek **het** 'n mooi huis.   Die meisie **het** baie vriende.
    Ek het 'n mooi huis **gehad**.   Die meisie het baie vriende **gehad**.
    Ek **sal** 'n mooi huis **hê**.   Die meisie **sal** baie vriende **hê**.

5. **If the verb is a word, it changes as indicated:**

    Active: Julle **word** ingenieurs.   **Passive:**   Ek **word** deur my ma gehelp.
                Julle **het** ingenieurs **geword**.   Ek **is** deur my ma gehelp.
                Julle **sal** ingenieurs **word**.   Ek **sal** deur my ma gehelp **word**.

6. **If there is a verb + preposition, it becomes one word in the past and future tense.**
   (see no. 14 - skeibare werkwoorde)

   Ek **tel** die boek **op**.
   Ek **het** die boek **opgetel**. (one word)
   Ek **sal** die boek **optel**. (one word)

   Ek **gooi** die papier **weg**.
   Ek **het** die papier **weggegooi**.
   Ek **sal** die papier **weggooi**.

7. **If there is a helping verb + verb, only the helping verb changes in the past tense.**
   (This meaning changes slightly when we use the ge)

   Ek **moet** my werk **doen**.
   Ek **moes** my werk doen. (**ge**doen **het**)
   Ek **sal** my werk **moet** doen.

   Ek **kan** goed **swem**.
   Ek **kon** goed swem. (**ge**swem **het**)
   Ek **sal** goed **kan** swem.

   Ek **wil** 'n present **hê**.
   Ek **wou** 'n present **hê**. (**ge**had **het**)
   Ek **sal** 'n present **wil** hê.

   Ek **sal** my werk **doen**.
   Ek **sou** my werk doen. (**ge**doen **het**)

8. **If we use the helping verbs gaan, laat en kom, they go to the end of the sentence just before the verb.**

   Ek **gaan** in die dam **swem**.
   Ek **het** in die dam **gaan swem**.
   Ek **sal** in die dam **gaan swem**.

   Ek **laat** my hare **groei**.
   Ek **het** my hare **laat groei**.
   Ek **sal** my hare **laat groei**.

   Ek **kom** by jou **kuier**.
   Ek **het** by jou **kom kuier**.
   Ek **sal** by jou **kom kuier**.

9. **If there are two verbs in the same sentence, without a conjunction between them, then both verbs go to the end, and verb 1 goes before verb 2. The ge is optional but may only go before verb 1.**

      1   2
   Ek **hoor** die leeu **brul**.
   Ek **het** die leeu **(ge)hoor brul**.
   Ek **sal** die leeu **hoor brul**.

      1   2
   Ons **sien** die man **verdrink**.
   Ons **het** die man **(ge)sien verdrink**.
   Ons **sal** die man **sien verdrink**.

10. **If there are two verbs happening at the same time, connected by en and the first verb is sit, lê, loop, or staan, then only the first verb gets the ge in the past tense.** (This is optional.)

    Die man **sit en lees** op die stoep.
    Die man **het** op die stoep **(ge)sit en lees**.
    Die man **sal** op die stoep **sit en lees**.

    Hy **lê en slaap** op die bed.
    Hy **het** op die bed **(ge)lê en slaap**.
    Hy **sal** op die bed **lê en slaap**.

11. **If we get any other combination of verbs connected by en, then both verbs get a ge in the past tense.**

    Ek **slaap en werk** in my slaapkamer.
    Ek **het** in my slaapkamer **geslaap en gewerk**.
    Ek **sal** in my slaapkamer **slaap en werk**.

    Moeder **was en pak** die borde weg.
    Moeder **het** die borde **gewas en weggepak**.
    Moeder **sal** die borde **was en wegpak**.

12. **If there is a conjunction in the sentence, we treat it like 2 separate sentences.**
    (We do sentence 1 as if sentence 2 does not exist; we put in the conjunction, and then we do sentence 2 as if sentence 1 does not exist.)

    Die bokkie **hardloop** weg,   **want**   die leeu **jaag** hom.
    Die bokkie **het weggehardloop**,   want   die leeu **het** hom **gejaag**.
    Die bokkie **sal weghardloop**,   want   die leeu **sal** hom **jaag**.

13. **The conjunctions dan, as, wanneer and nou (D A W N) change to toe in the past tense:**

    Jan doen eers sy huiswerk; **dan** speel hy in die tuin.
    Jan het eers sy huiswerk *gedoen*; **toe** het hy in die tuin *gespeel*.

    Ek skrik **as** ek 'n slang sien.
    Ek het geskrik **toe** ek 'n slang gesien het.

    Pa luister na die radio **wanneer** dit nuustyd is.
    Pa het na die radio geluister **toe** dit nuustyd was.

    Ek drink **nou** my koeldrank.
    Ek het **toe** my koeldrank gedrink.

14. **If the verbs are skeibare werkwoorde, they can be separated into two parts in the present tense.**
    (skei means to separate)

    Ek **skakel** die lig **aan**.   Hy **wens** my **geluk**.
    Ek **het** die lig **aangeskakel**.   Hy **het** my **gelukgewens**.
    Ek **sal** die lig **aanskakel**.   Hy **sal** my **gelukwens**.

    We recognise a skeibare werkwoord because the emphasis falls on the first part:

    aantrek   **af**haal   **deel**neem   **geluk**wens **goed**keur   **groot**word **lief**hê
    natgooi   **saam**gaan   **stil**staan **uit**nooi   **uit**trek   **weg**gooi

15. **If the verbs are onskeibare werkwoorde:**
    a. they can never be separated
    b. there is no **ge** in the past tense

    Hy **mishandel** die hond.   Hy **voltooi** die sin.
    Hy **het** die hond **mishandel**.   Hy **het** die sin **voltooi**.
    Hy **sal** die hond **mishandel**.   Hy **sal** die sin **voltooi**.

    We recognise an onskeibare werkwoord, because the emphasis falls on the second part:

    aan**vaar**   agter**volg** be**gin**   be**staan**   be**taal**   er**ken**   ge**niet**
    her**ken**   her**sien**   mis**lei**   mis**handel** mis**luk**   om**hels**   onder**soek**
    onder**vind** ont**hou**   ont**moet**   oor**handig** oor**tuig**   oor**win**   ver**geet**
    ver**staan**   vol**tooi**

    > **EXCEPTIONS ***
    > **The following words are onskeibare werkwoorde, although the emphasis falls on the first part of the word. These words do get a ge in the past tense:**
    >
    > **blind**doek   **dag**vaar   **glim**lag   **hand**haaf   **hard**loop   **knip**oog
    > **lief**koos   **open**baar   **raad**pleeg **rang**skik   **reg**verdig **waar**borg   **waar**sku
    >
    > Sy **glimlag** vriendelik.   Sy **rangskik** die blomme.   Hulle **waarborg** die motor.
    > Sy **het** vriendelik **geglimlag**. Sy **het** die blomme **gerangskik**. Hulle **het** die motor **gewaarborg**.
    > Sy **sal** vriendelik **glimlag**.   Sy **sal** die blomme **rangskik**.   Hulle **sal** die motor **waarborg**.

HOW 'DIE TYE' ARE TESTED

A. **Skryf oor in die (a) Verlede Tyd (b) Toekomende Tyd**
(Remember to underline the verbs, circle the conjunctions and bracket the infinitives.)

1. Die eksamen in November **is** moeiliker as in Junie.
   a. Die eksamen in November **was** moeiliker as in Junie.
   b. Die eksamen in November **sal** moeiliker as in Junie **wees**.

2. Ek **het** griep; daarom **gaan** ek dokter toe (om 'n inspuiting te kry).
   a. Ek het griep **gehad**; daarom **het** ek dokter toe **gegaan** om 'n inspuiting te kry.
   b. Ek **sal** griep **hê**; daarom **sal** ek dokter toe **gaan** om 'n inspuiting te kry.

B. **If they begin with a word or words indicating a different time, then you have to continue, using the clues they have given you.**
(Try to understand the sentence, underline the verbs, circle the conjunctions and bracket the infinitives.)

> Remember, whatever you start with, the verb comes next! See Woordorde pg. 18

Die snoepwinkel **verkoop** heerlike kos.
(It will help you to think what it would be in the past & future tenses.)

verkoop → het verkoop (v1 v2) → sal verkoop (v1 v2)

a. **Gister** *het* die snoepwinkel heerlike kos *verkoop*.
b. **Verlede week** *het* die snoepwinkel heerlike kos *verkoop*.
c. **Toe ek skool toe gekom het,** *het* die snoepwinkel heerlike kos *verkoop*.
d. **Môre** *sal* die snoepwinkel heerlike kos *verkoop*.
e. **Volgende week/jaar** *sal* die snoepwinkel heerlike kos *verkoop*.
f. **Wanneer ek skool toe kom,** *sal* die snoepwinkel heerlike kos *verkoop*.

> The **bold font** is the stimulus you are given, which needs to be continued.

C. **If they give you a sentence and then change it slightly in the sentence below, you must look for the clues and then continue.**
(Try to understand the sentence, underline the verbs, circle the conjunctions and bracket the infinitives.)

1. Ons skool het baie sportsoorte.
   Toe ek 'n leerling was, *het* ons skool baie sportsoorte *gehad*.
   (They started with a past tense phrase, so they obviously wanted the past tense.)

2. Ek doen om agtuur elke aand my huiswerk.
   Elke aand om agtuur *sal* ek my huiswerk **doen**.
   (They started with Time, which told you to put the verb next. They put 'doen' (and not 'gedoen') at the end, which could only have meant that they wanted the future tense.)

3. Ek huil wanneer ek 'n treurige rolprent sien.
   Ek *het gehuil* **toe** ek 'n treurige rolprent *gesien* het.
   (The 'toe' replaces the 'wanneer', which tells you that this sentence must be in the past tense.)

VOEGWOORDE
CONJUNCTIONS (JOINING WORDS)

Conjunctions fall into 3 groups, with different rules for each group.

GROUP 1

There is no change in the word order:
- sentence 1
- conjunction
- sentence 2

Clue: meow = cat + dog

,maar	-	but
en	-	and
of	-	or
,want	-	because

,dog	-	but

óf ... óf - either ... or
nóg ... nóg - neither ... nor
sowel ... as - as well as

inteendeel - on the contrary
trouens - moreover

a. Ons is moeg.
   Dit is laat. (want)

   Ons is moeg, **want** dit is laat.

b. Die meisies en die seuns het gegaan. (sowel ... as)

   Sowel die meisies **as** die seuns het gegaan.

c. Ek is nie angstig daaroor nie.
   Ek is nie senuweeagtig daaroor nie.
   (nóg ... nóg)

   Ek is **nóg** angstig **nóg** senuweeagtig daaroor.

GROUP 2

This group is in the middle and the verb in the 2nd sentence goes to the middle straight after the conjunction.

Clue: all the d words except dog and dat

dan	-	then
daarna	-	then
dus	-	therefore
daarom	-	therefore
derhalwe	-	therefore
nogtans	-	nevertheless
nietemin	-	nevertheless
anders	-	otherwise
gevolglik	-	as a result
al	-	although
toe	-	then
tog	-	even so
buitendien	-	besides
bowendien	-	besides
intussen	-	meanwhile
verder	-	furthermore

a. Ek het hard probeer.
   Ek het nie gewen nie. (tog)

   Ek het hard probeer; **tog het** ek nie gewen nie.

b. Die man het die geld gesteel.
   Hy het tronk toe gegaan. (daarom)

   Die man het die geld gesteel; **daarom het** hy tronk toe gegaan.

GROUP 3

This group is at the end and the verb in the 2nd sentence goes to the end.

Clue: all words ending in dat, wat, the Question Words and Relative Pronouns

dat	-	that
om**dat**	-	because
tot**dat**	-	until
voor**dat**	-	before
na**dat**	-	after
so**dat**	-	so that
wat	-	who, what
wie	-	who
terwyl	-	while
alhoewel	-	although
toe	-	when
sodra	-	as soon as
sedert	-	since
aangesien	-	seeing that
as	-	if
of	-	if
mits	-	on condition that, provided
tensy	-	unless
indien	-	in case

Question words:
wanneer, hoeveel, waar, hoe, waarom, omdat etc.

Relative pronouns:
wie, wie se, waarvan

Ons is bly.
Dit is vakansie. (omdat)

Ons is bly **omdat** dit vakansie **is**.

 Learn the groups and meanings of all the conjunctions.
Take note of the 'clues' and rules for each group.
See the punctuation rules for 'Voegwoorde' on pg. 19.

VOEGWOORDE - NOG REËLS

1. **It is always verb 1 (in the second sentence) that moves around** (to the middle or to the end)

   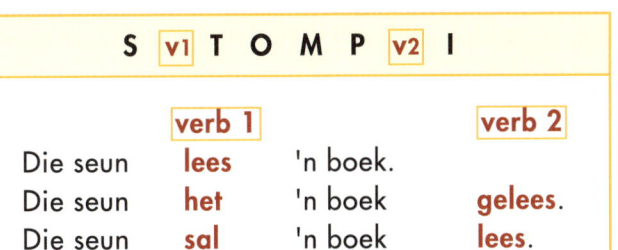

   Die juffrou het die leerling gestraf.   Hy het sy boek by die huis vergeet. **(omdat)** (3)
   Die juffrou het die leerling gestraf **omdat** hy sy boek by die huis vergeet **het**.

   Die leerling werk vinnig.   Hy voltooi sy werk. **(daarom)** (2)
   Die leerling werk vinnig;   **daarom voltooi** hy sy werk.

2. **If there is a <u>helping verb</u>** (moet, wil, kan, sal, gaan, mag) **it goes just before the verb at the end.**
   Ek voel gelukkig.   Ek sal 'n present kry. **(omdat)**
   Ek voel gelukkig **omdat** ek 'n present **sal** kry.

   Daar is baie atlete.   Hulle kan binne 10 sekondes 100 meter hardloop. **(wat)**
   Daar is baie atlete **wat** binne 10 sekondes 100 meter **kan** hardloop.

3. **If we start a sentence with a <u>group 3 conjunction</u>, we put both verbs together in the middle of the sentence and separate them with a comma.**
   What to do:
   a. **Underline** the verb in both sentences.
   b. **Decide** which sentence makes better sense first.   (It helps to try to understand the sentences.)
   c. You need to know the **meaning** of the conjunction, to decide which sentence goes first.
   d. Put the verb of sentence 1 to the **end**, and the verb of sentence 2 to the **beginning**.

       (2)   (1)
   I went to school   *I was sick*
   Ek het skool toe gegaan.   Ek was siek.
   although
   Alhoewel ek siek **was, het** ek skool toe gegaan.   (Although I was sick, I went to school.)

4. **If we start with the <u>group 2 conjunction</u> al, the verb comes next.**
   Ek het skool toe gegaan.   Ek was siek.
   Al was ek siek, **het** ek skool toe gegaan.

   > Al is the only group 2 conjunction that can start a sentence.

5. **If there is a <u>nie in the second sentence</u>, the nie goes to the end (after the verb).**
   Hy kon nie gaan nie.   Hy het **nie** 'n kaartjie gehad nie.   **(aangesien)** (3)
   Hy kon nie gaan nie **aangesien** hy nie 'n kaartjie gehad het **nie**.

6. **Take note of the <u>punctuation rules</u> regarding voegwoorde.**
   a. We use **commas** before the **Group 1 Conjunctions**:   **,maar   ,want** and **,dog**.
   b. We use a **semi-colon (;)** before all **Group 2 Conjunctions**:   **;dus   ;daarna** and **;nogtans**.
      However, the following **Group 2 Conjunctions** get a comma: **,al   ,dan** and **,toe**.
   c. There is no punctuation before **Group 3 Conjunctions**.

HOW 'VOEGWOORDE' ARE TESTED

A. **Verbind die volgende sinne met die voegwoorde tussen hakies:**
(Underline verb 1 in the 2nd sentence, as this is the word that moves around.)

1. Die seuntjie het gehuil. Hy het sy vinger gesny. **(want)** (1) (no change)
   Die seuntjie het gehuil, **want** hy het sy vinger gesny.

2. Die seuntjie het sy vinger gesny. Hy het gehuil. **(dus)** (2) (verb to middle after the conjunction)
   Die seuntjie het sy vinger gesny; **dus het** hy gehuil.

3. Die seuntjie het gehuil. Hy het sy vinger gesny. **(omdat)** (3) (verb to the end)
   Die seuntjie het gehuil **omdat** hy sy vinger gesny **het**.

B. **Begin met die voegwoord en verbind die volgende sinne:**
(Underline verb 1 in each sentence, try to understand the sentence given, and decide which sentence makes better sense first.)

The woman screamed   *She saw a mouse*
1. Die vrou het geskreeu. Sy het 'n muis gesien.
   Because
   Omdat sy 'n muis gesien **het**, **het** die vrou geskreeu.

   > The **bold font** is the stimulus you are given, which needs to be continued.

   I wear a coat   *I am cold*
2. Ek dra 'n jas. Ek kry koud.
   If
   As ek koud **kry**, **dra** ek 'n jas.

   I felt sick   *I didn't go home*
3. Ek het siek gevoel. Ek het nie huis toe gegaan nie.
   Although (2)
   Al het ek siek gevoel, **het** ek nie huis toe gegaan nie.

C. **If they give you a sentence and an incomplete sentence or conjunction below, you must complete the sentence by using the clues that they give you.**
(Underline the verbs and try to understand the meanings of the two sentences.)

He learned hard for the test.   *He passed.*
1. Hy het hard vir die toets geleer. Hy het geslaag.

   a. *Hy het hard vir die toets geleer;* **(therefore) (2)** **dus het** *hy geslaag.*

   b. *Hy het geslaag* **(because) (3)** **omdat** *hy hard vir die toets geleer* **het**.

   c. **(Although) (2)** **Al het** *hy hard vir die toets geleer,* **het** *hy nie geslaag* ^not **nie**.

   d. **(Although) (3)** **Alhoewel** *hy hard vir die toets geleer* **het**, **het** *hy nie geslaag* ^not **nie**.

   e. **(Seeing that) (3)** **Aangesien** *hy hard vir die toets geleer* **het**, **het** *hy geslaag.*

D. If the original sentence contains a conjunction and there is a different conjunction in the other sentence, you must replace the first conjunction with the second.

(because) (3)
Die leerlige werk hard **omdat** dit amper die eksamen is.

(therefore) (2)
*Dit **is** amper die eksamen;* **dus** **werk** die leerlinge hard.

E. They may give you a sentence ending with a conjunction, which you have to complete.
(You have to get the correct word order depending on the group of the conjunction. The continued sentence has to make sense and follow on from the first sentence.) 💡

Summer is my best season *because (1)*
1. Die somer is my beste seisoen, **want** _____ [verb] _____

In winter it is very cold *therefore (2)*
2. In die winter is dit baie koud; **daarom** [verb] _____

During spring the gardens look beautiful *because (3)*
3. Gedurende die lente lyk die tuine pragtig **omdat** _____ [verb]

F. They may ask you to choose the correct conjunction.
(Here you need to know the meanings of the conjunctions. Look at the placing of the verb in the second sentence in order to decide which group the conjunction they used is in.) 💡

✓ ✗
but because
1. Ek het hard geleer, **(maar/want)** ek het nie geslaag nie.

✗ ✓
2 3
2. Ek het die toets gedruip **(al/alhoewel)** ek hard gewerk het.

G. They may give you 3 sentences with 2 conjunctions and ask you to join them.
(Try to understand the meanings of the sentences and the conjunctions, and then play around with them so that they make sense.) 💡

I received my pocket money   *I was worried*   *It was not enough for a bicycle.*
Ek het my sakgeld ontvang.   Ek was baie bekommerd.   Dit was nie genoeg vir 'n fiets nie.

because although
(omdat, alhoewel)

Alhoewel ek my sakgeld ontvang **het**, **was** ek baie bekommerd **omdat** dit nie genoeg vir 'n fiets **was** nie.

H. Remember the elimination/replacement when joining sentences with a relative pronoun.
(see pg. 33) 💡

I.
We all have a new pen.   *We write the test with it*   *with which*
Ons het almal 'n nuwe pen.   Ons skryf die toets daarmee.   **(waarmee)**

Ons het almal 'n nuwe pen **waarmee** (~~daarmee~~) ons die toets skryf.

DIE NEGATIEF OF ONTKENNENDE VORM
THE NEGATIVE FORM

Take note of the verb in the sentence. This will tell you which rule to follow.

1. If we are given a <u>regular sentence</u>, we always use **two nie's**.
   The **first nie** comes after the verb, the **second nie** goes to the end.

   Ek **lees**.
   Ek **lees** nie.   (There is only one nie because there is no object.)
   Ek **lees** 'n boek.
   Ek **lees** nie 'n boek nie.
   Ek **lees** 'n interessante boek op die bus.
   Ek **lees** nie 'n interessante boek op die bus nie.

2. If the first verb is followed by a **pronoun** or a **proper noun**, the **first nie** comes directly after it.

   Ek roep **hom**.
   Ek roep **hom** nie.

   Ek bel **Pieter** op sy selfoon.
   Ek bel **Pieter** nie op sy selfoon nie.

3. If we are asked a <u>question</u>, we answer with **nee**, a **nie** after the verb, and a **nie** at the end.
   (We will recognise it as a question, because it will start with a verb and end with a question mark.)

   Is dit vandag koud?
   Nee, dit **is** nie vandag koud nie.

   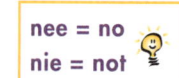

   Speel die kinders tennis?
   Nee, die kinders **speel** nie tennis nie.

   We change the **pronoun** so that it makes the correct sense.
   Hou jy van skool?   (Do **you** like school?)
   Nee, **ek hou** nie van skool nie.   (No, **I** don't like school.)

4. If we are given a <u>command</u>, we negate it with a **moenie** before the sentence and the verb at the end, followed by a **nie**.
   (We will recognise it as a command, because it will start with a verb and end with an exclamation mark.)

   Staan op!
   Moenie opstaan nie.

   Antwoord die telefoon!
   Moenie die telefoon antwoord nie.

   moenie = don't

5. If there is an **asseblief** (please) in the command, the moenie changes to **moet + nie**, and the asseblief goes between it.

   Maak **asseblief** die deur toe!
   Moet asseblief nie die deur toemaak nie!

6. **CERTAIN WORDS CHANGE IN THE NEGATIVE:**
   This change takes the place of the first nie. The second nie goes to the end.
   (The same thing happens in English e.g. *ever* becomes *never*, *something* becomes *nothing* etc.)

alles/iets	-	**niks** _____ **nie**	(everything/something - nothing)
almal/iemand	-	**niemand** _____ **nie**	(everybody/somebody - nobody)
altyd/ooit	-	**nooit** _____ **nie**	(always/ever - never)
enige/een	-	**geen** _____ **nie**	(any/one - none)
enigsins	-	**geensins** _____ **nie**	(at all - not at all)
moet	-	**moenie** _____ **nie**	(must - mustn't)
oral(s)/êrens	-	**nêrens** _____ **nie**	(everywhere/somewhere - nowhere)
al	-	**nog nie** _____ **nie**	(already - not yet)
alreeds	-	**nog nie** _____ **nie**	(already - not yet)
al een	-	**nog geen** _____ **nie**	
al êrens	-	**nog nêrens** _____ **nie**	Al can be used in front of any of
al iemand	-	**nog niemand** _____ **nie**	these words, in which case the
al iets	-	**nog niks** _____ **nie**	words will change as indicated.
al ooit	-	**nog nooit** _____ **nie**	
nog	-	**nie meer** _____ **nie**	(more - no more)
nog alles	-	**niks meer** _____ **nie**	(still everything - nothing more)
nog almal	-	**niemand meer** _____ **nie**	(everyone else - nobody else)
nog êrens	-	**nêrens meer** _____ **nie**	(somewhere else - nowhere else)
nog iemand	-	**niemand meer** _____ **nie**	(someone else - no-one else)
nog iets	-	**niks meer** _____ **nie**	(something else - nothing else)
óf ... óf	-	**nóg** _____ **nóg**	(either ... or - neither ... nor)
sowel ... as	-	**nóg** _____ **nóg**	(as well as - neither ... nor)
beide ... en	-	**nóg** _____ **nóg**	(both ... and - neither ... nor)

   no ~~NIE~~

   a. **Is** daar **iemand** by die deur?
      Nee, daar is **niemand** by die deur **nie**.

   b. **Het jy al ooit** gerook?
      Nee, ek het **nog nooit** gerook **nie**.

   c. Wat jy kan sien is **óf** 'n ster **óf** 'n planeet.
      Wat jy kan sien is **nóg** 'n ster, **nóg** 'n planeet.   (There is no nie at the end.)

7. We may not have a <u>double negative</u>. If there are two words in a sentence that need to be negated, we **negate only the first** one otherwise we don't say what we mean.

   a. Was **iemand ooit** Mars toe?
      Nee, **niemand** was *ooit* Mars toe nie.
      (We can't say 'Nee, niemand was *nooit* Mars toe nie.')

   b. Daar is **een** persoon **êrens** wat my kan help.
      Daar is **geen** persoon *êrens* wat my kan help nie.
      (We can't say 'Daar is geen persoon *nêrens* wat my kan help nie.')

8. If you are negating a sentence after a conjunction, then the **nie** in this second sentence comes **after the noun or pronoun.** (This applies to groups 2 and 3.)

   a. Die atleet het sy enkel gebreek, **dus** kon hy **nie** hardloop nie.
   b. Die mense kon nie stem nie, **omdat** hulle **nie** identiteitsdokumente gehad het nie.
   c. **Al** het Jan vroeg daar aangekom, kon Jan **nie** 'n sitplek vind nie.

HOW 'DIE NEGATIEF' IS TESTED

A. They usually give you a sentence containing words such as iemand, êrens, ooit etc. and then ask you to rewrite it in the negative form (ontkennende vorm).

What to do:
a. Underline the **verbs**.
b. Circle the **conjunctions**.
c. Watch out for **pronouns**, the **'negative words'**, **question marks** and **exclamation marks**.

Skryf oor in die ontkennende vorm:

a. Ek hou van skool |want| ek het baie vriende en goeie onderwysers.   (conjunction = two sentences)
   *Ek hou **nie** van skool **nie**, want ek het **nie** baie vriende en goeie onderwysers **nie**.*

b. Was jy al ooit laat vir skool?   (Question = nee,   jy = ek,   al ooit = nog nooit)
   ***Nee, ek** was **nog nooit** laat vir skool **nie**.*

c. Doen jou huiswerk!   (Command = moenie)
   ***Moenie** jou huiswerk doen **nie**!*

d. Die toets môre is óf gedurende Engels óf gedurende Afrikaans.   (óf ..... óf = nóg ..... nóg)
   *Die toets môre is **nóg** gedurende Engels **nóg** gedurende Afrikaans.*   (there is no 'nie')

B. They give you a positive sentence on one line and a slightly changed sentence on the line below, usually containing words such as nee, nie, nooit, niemand etc.

1. Het jou span al ooit die beker gewen?   (Question = nee,   jou = my,   al ooit = nog nooit)
   a. **Nee**, *my* span het **nog nooit** die beker gewen *nie*.
   b. **Nee**, *my* span het **nog nooit** die beker gewen nie.

2. Sowel die seuns as die meisies het die partytjie geniet.   (sowel ..... as = nóg ..... nóg)
   ***Nóg** die seuns **nóg** die meisies het die partytjie geniet.*   (no 'nie')

3. "Piet, het jy enige muntstukke vir parkering?"
   ***Piet antwoord ontkennend** dat hy **geen** muntstukke vir parkering het **nie**.*

C. They may test you by using the sentence - joining construction:
   (Nie alleen ... nie, maar ... ook)

1. Ek trek my boek netjies oor. Ek skryf my naam voorop.
   ***Nie alleen** trek ek my boek netjies oor **nie**, **maar** ek skryf **ook** my naam voorop.* ⎫
                                                  maar ook skryf ek my naam voorop. ⎭

   The clues are written in **bold black**.

VOORNAAMWOORDE - PRONOUNS

SUBJECT	OBJECT	POSSESSIVE
I - **ek**	me, my - **my**	mine - **myne**
he - **hy**	him/his - **hom/sy**	his - **syne**
she - **sy**	her - **haar**	hers - **hare**
you (s) - **jy**	your, you - **jou**	your - **joune**
we - **ons**	our, us - **ons**	ours - **ons s'n**
they - **hulle**	their - **hulle**	theirs - **hulle s'n**
you (pl) - **julle**	your, you (pl) - **julle**	yours - **julle s'n**
you - **u** *	your/you - **u**	yours - **u s'n**
it - **dit**	it - **dit**	

REFLEXIVE

Ek het 'n huis	Dis **my** huis	Die huis is **myne**	Ek het dit vir **my** gekoop
Hy het 'n huis	Dis **sy** huis	Die huis is **syne**	Hy het dit vir **hom** gekoop
Sy het 'n huis	Dis **haar** huis	Die huis is **hare**	Sy het dit vir **haar** gekoop
Jy het 'n huis	Dis **jou** huis	Die huis is **joune**	Jy het dit vir **jou** gekoop
Ons het 'n huis	Dis **ons** huis	Die huis is **ons s'n**	Ons het dit vir **ons** gekoop
Hulle het 'n huis	Dis **hulle** huis	Die huis is **hulle s'n**	Hulle het dit vir **hulle** gekoop
Julle het 'n huis	Dis **julle** huis	Die huis is **julle s'n**	Julle het dit vir **julle** gekoop
U het 'n huis	Dis **u** huis	Die huis is **u s'n**	U het dit vir **u** gekoop

* U is used when you are addressing someone you don't know well, or someone that you respect.
e.g. Hoe kan ek **u** help, meneer?

HOW 'VOORNAAMWOORDE' ARE TESTED

> They usually underline nouns in sentences and then require you to replace these with pronouns. They may ask you to choose between two pronouns e.g. hy/hom.

1. **Ask yourself what it would have been if it had been in English, and then give the Afrikaans equivalent.**
   e.g. him = hom   she = sy   they = hulle   he = hy   we = ons   etc.

   she = sy   *him = hom*   *he = hy*   *his = sy*
   Marie het die man geld gegee, want die man het gesê dat hy geen geld vir die man se kinders
   they = hulle
   gehad het nie, en dat die kinders baie honger was.

2. **Always ask yourself whether the sentence is in Direct or Indirect Speech.**
   She = sy   *she = sy*   *She = sy*   *I = ek*
   Marie sê dat Marie 'n nuwe rok wil hê.   Marie sê: "Marie wil 'n nuwe rok hê."

3. **After 'n mens we say jy or jou.**   **After die mens we say hy, sy or hom.**
   '**n Mens** moet **jou** plig vir **jou** land doen.   **Die mens** moet **sy** omgewing bewaar en
   '**n Mens** moet seker maak dat **jy jou** plig doen.   **hy** moet **sy** intelligensie gebruik.

BETREKLIKE VOORNAAMWOORDE
RELATIVE PRONOUNS

Relative pronouns act as conjunctions. They are all in group 3, and the verb therefore goes to the end.

- For people, we say who (wie/wat) or whose (wie se).
- For inanimate objects, we say what, that or which (wat).
- As in English, we usually remove the subject, object or pronoun that is repeated in the second sentence.

> **WHAT TO DO:**
> 1. **Underline** the word(s) that are repeated.   (usually the subject or object)
> 2. **Cancel out** the words in **sentence 2** that are **repeated**.
> 3. **Rewrite sentence 1** until after the word that is repeated.
> 4. **Insert** the relative pronoun/clause.
> 5. **Rewrite sentence 2** with the **verb** at the **end**   (wie and wat are group 3 conjunctions)
> 6. If there's anything left of sentence 1, insert a **comma** and then write what is left.
>
> The boy broke his leg. ~~He~~ usually wins the race. (who)
> The boy **who** usually wins the race, broke his leg.
>
> Die seun het sy been gebreek. ~~Hy~~ wen gewoonlik die wedloop. (wat/wie)
> Die seun **wat** gewoonlik die wedloop **wen**, **het** sy been gebreek.

You must choose **wat/wie**. See rule 2 below.

1. **If we want to say who and there is no preposition in the second sentence, we have to use wat:**

   My oom is die burgemeester. ~~Hy~~ is tagtig jaar oud. (wie/wat)   (choose)
   My oom **wat** tagtig jaar oud **is**, **is** die burgemeester.

   The clues are written in **bold black**.

2. **We can only use wie (who) if there is a preposition in the second sentence:**

   Die man woon in Kaapstad. Ek skryf *aan* ~~hom~~. (wie/wat)   (choose)
   Die man **aan wie** ek **skryf**, **woon** in Kaapstad.

   Die kind het baie speelgoed. Ek speel *met* ~~hom~~. (wie/wat)   (choose)
   Die kind **met wie** ek **speel**, **het** baie speelgoed.

3. **If we want to say that or which for an animal or inanimate object, and there is no preposition in the second sentence, we simply use wat:**

   Die perd sal die wedren wen. ~~Hy~~ is die vinnigste. (wat)
   Die perd **wat** die vinnigste **is**, **sal** die wedren wen.

4. **If we want to say whose, we use wie se:**

   Die seun gaan na die tandarts toe. ~~Sy~~ tand is seer.
   Die seun **wie se** tand seer **is**, **gaan** na die tandarts toe.

5. **If we want to say whose for an animal or an inanimate object, we use waarvan die:**

   Die motor het gaan staan.   Die motor se petrol was op.   (wat)
   Die motor **waarvan die** petrol op **was**, **het** gaan staan.   (we can't say wat se)

   Die perd het die wedren verloor.   Sy been was af.   (wat)
   Die perd **waarvan die** been af **was**, **het** die wedren verloor.

6. **We cannot use wat + a preposition when referring to an inanimate object:** (see table below)

   Die potlood is stomp.   Ek skryf met die potlood.   (wat)
   Die potlood **waarmee** ek **skryf**, **is** stomp.   (wat + met = waarmee)

   Die stoel het 'n gebreekte poot.   Die vrou sit op die stoel.   (wat)
   Die stoel **waarop** die vrou **sit**, **het** 'n gebreekte poot.   (wat + op = waarop)

WHAT TO USE INSTEAD OF: WAT + A PREPOSITION	ALSO A PREPOSITION + DIT
wat + aan = **waaraan**	aan + dit = **daaraan**
wat + by = **waarby**	by + dit = **daarby**
wat + deur = **waardeur**	deur + dit = **daardeur**
wat + in = **waarin**	in + dit = **daarin**
*wat + met = **waarmee**	*met + dit = **daarmee**
wat + na + toe = **waarnatoe**	na + dit + toe = **daarnatoe**
wat + onder = **waaronder**	onder + dit = **daaronder**
wat + oor = **waaroor**	oor + dit = **daaroor**
wat + op = **waarop**	op + dit = **daarop**
wat + sonder = **waarsonder**	sonder + dit = **daarsonder**
wat + uit = **waaruit**	uit + dit = **daaruit**
wat + van = **waarvan**	van + dit = **daarvan**
*wat + vir = **waarvoor**	*vir + dit = **daarvoor**

HOW 'BETREKLIKE VOORNAAMWOORDE' ARE TESTED

1. Die melk is in die glas. Ek drink die melk **daaruit**.
   Die melk is in die glas **waaruit** ek drink.

   *The clues are written in **bold black**.*

2. Die pen **(wat ek met)** waarmee ek skryf, kos R50 en ek sorg goed **(vir dit)** daarvoor.

3. Hy gesels met die vrou. Haar hondjie is oulik.
   Hy gesels met die vrou **wie se** hondjie oulik is.

LYDENDE EN BEDRYWENDE VORM
PASSIVE AND ACTIVE VOICE

We follow the same rules and format as in English

ACTIVE VOICE

	subject	verb	object
PRES	The boy	kicks	the ball
PAST	The boy	kicked	the ball
FUT	The boy	will kick	the ball

PASSIVE VOICE

	object	verb	subject
PRES	The ball	is kicked by	the boy
PAST	The ball	was kicked by	the boy
FUT	The ball	will be kicked by	the boy

BEDRYWENDE VORM

	subject	verb 1	object	verb2
PRES	Die seun	skop	die bal	
PAST	Die seun	het	die bal	geskop
FUT	Die seun	sal	die bal	skop

LYDENDE VORM

	object	verb 1	subject	verb 2
PRES	Die bal	word deur	die seun	geskop
PAST	Die bal	is deur	die seun	geskop
FUT	Die bal	sal deur	die seun	geskop word

RULES:

1. **Try to understand the <u>meaning</u> of the sentence so that it makes sense when you turn it into the passive voice.** (You don't want to say *the boy bites the dog*, but rather, *the boy is bitten by the dog*.)

2. **Underline the verb, and <u>divide</u> the sentence into   subject | verb | object**
   We now begin with the object.
   (The *verb* will tell you what tense you are in, and you will then follow the rule for that tense.)

      S   v1   O   v2   O   v1   S   v2
   Die hond | **het** | die seun | **ge**byt.   -   **Die seun | is deur** | die hond | **ge**byt.
   (Past tense = is deur ge ....)

3. a. **If the sentence contains an <u>adverb of time</u>, this adverb is inserted between the word, is, sal and the deur.**

      S   v1   T   O   v2   O   v1   T   S   v2
   Die seun | **het** | *gister* | die bal | **ge**skop. - Die bal | **is** | *gister* | **deur** die seun | **ge**skop.

   b. **When the <u>adverb of manner</u> is a single word, it comes before the object.**

      S   v1   O   M   P   v2
   Die veearts | **het** | die hond | vinnig | op sy boud | **ingespuit**.

      O   v1   M   S   P   v2
   Die hond | **is** | vinnig | deur die veearts | op sy boud | **ingespuit**.

   c. **<u>Adverbial phrases</u> of manner do not change their position.**

      S   v1   O   M   P   v2
   Die onderwyser | **sal** | die werk | met gekleurde kryt | op die swartbord | **skryf**.

      O   v1   S   M   P   v2
   Die werk | **sal** | deur die onderwyser | met gekleurde kryt | op die swartbord | **ge**skryf word.

4. If the sentence contains the **helping verbs** wil/wou, kan/kon, moet/moes or gaan, we treat it as if it is in the **future tense (sal)** and follow that pattern.

   S | hv | T | O | v2
   Kinders | *moet* | elke dag | huiswerk | **doen**.

   O | hv | T | S | v2
   Huiswerk | *moet* | elke dag | **deur** kinders | **ge**doen **word**.

5. **Pronouns** will change so that the sentence keeps the same meaning.
   (Ask yourself what the pronoun would have been in English, and then give the Afrikaans equivalent.)

   He
   Hy het die eersteprys gewen.   Die eersteprys is deur **hom** gewen. *(him)*

6. If the sentence contains a **command** we use **moet**, meaning **must**.

   Lees die boek!   becomes   Die boek **moet** gelees **word**.

7. The word **daar** is used when there is **no subject**.

   Doen huiswerk   becomes   **Daar** moet huiswerk gedoen word.
                          or   Huiswerk **moet** gedoen word.
   Slaap!   becomes   **Daar** moet geslaap word.

8. A **question** is handled as follows:

   Wie koop die brood?   **Deur** wie **word** die brood **ge**koop?
   Wie het die brood gekoop?   **Deur** wie **is** die brood **ge**koop?
   Wie sal die brood koop?   **Deur** wie **sal** die brood **ge**koop **word**?

9. They might give you a sentence already in lydende vorm and ask you to **change it into bedrywende vorm.** (You will know, because they will start with the word after the *deur*.)

   Die seuntjie *word deur* die hond *ge*byt.   (we now remove the word, deur and ge)
   Die hond byt die seuntjie.

HOW 'LYDENDE VORM' IS TESTED

a. They give you an **active voice sentence**.
b. They then usually **start with the object** of that sentence.
c. You must then **divide the sentence** into Sv1TOMPv2:
   Subject, Verb, Object, and Adverbs of Time, Manner and Place
d. From the verb(s) **decide on the tense**, and the **Lydende Vorm** to be followed.

   T | v1 | S | O | v2
   Voor die eksamen | sal | die onderwyseres | baie huiswerk | gee.
   (future tense = sal deur ge... word)

   Baie huiswerk sal voor die eksamen **deur** die onderwyseres **ge**gee **word**.

INDIREKTE REDE
INDIRECT OR REPORTED SPEECH

> This works in a similar way to Direct and Indirect Speech in English.

1. **After an ordinary <u>direct into indirect</u> sentence we use the conjunction dat (that), which is in group 3, and the verb in the 2nd sentence therefore goes to the end.**

   Mary says, 'I like school.'
   Mary says **that** *she* likes school.

   Marie sê : '**Ek** hou van skool.'
   Marie sê **dat sy** van skool **hou**.

   Note the direct speech punctuation!

   > The pronouns will change so that the sentence makes correct sense.
   > Think which pronoun you would have used in English, and use the same one in Afrikaans.
   > e.g. him = hom, he = hy, she = sy, we = ons etc.

2. **After a <u>question</u> we use the conjunction of (if), which is in group 3, and the verb in the 2nd sentence therefore goes to the end.**

   John asks, 'May I have a colddrink?'
   John asks **if** *he* may have a colddrink.

   Jannie vra: 'Mag **ek** 'n koeldrank kry?'
   Jannie vra **of hy** 'n koeldrank **mag kry**.

3. **If the first word of the question is already a <u>question word</u>, then this word remains as the conjunction and the verb in the 2nd sentence goes to the end.** (All question words are also group 3 conjunctions.)

   The man asks, '**When** does the train depart?'
   The man asks **when** the train departs.

   Die man vra: '**Wanneer** vertrek die trein?'
   Die man vra **wanneer** die trein **vertrek**.

4. **If the sentence is a <u>command</u> either of these *two ways* may be used to rewrite the sentence in Indirect or Reported Speech:**

   The teacher **ordered**, 'Children, do your homework!'
   a. The teacher **ordered** the children **to do** *their* homework.
   b. The teacher **ordered that** the children **must** do *their* homework.

   Die onderwyser **beveel**: 'Kinders, doen **julle** huiswerk!'
   a. Die onderwyser **beveel** die kinders **om hulle** huiswerk **te doen**.
   b. Die onderwyser **beveel dat** die kinders **hulle** huiswerk **moet doen**.

5. **If the <u>introductory verb</u> is in the <u>past tense</u>, e.g. het gesê or het gevra, then the verb in the 2nd sentence must be put in the past tense and all adverbs of time and place must change, so that the sentence keeps the same meaning.**

   a. The rugby player **said**, '**We** lost the match *today*.'
   The rugby player **said** that *they* **had lost** the match *that day*.

   Die rugbyspeler **het gesê**: '**Ons** het die wedstryd *vandag* verloor.'
   Die rugbyspeler **het gesê** dat **hulle** *daardie dag* die wedstryd verloor **het**.

   b. Mother **said**, '*This* mess must be picked up before *tomorrow*!'
   Mother said that *that* mess had to be picked up before the *following* day.

   Moeder **het gesê**: '*Hierdie* gemors moet voor *môre* opgetel word.'
   Moeder **het gesê** dat *daardie* gemors voor die *volgende dag* opgetel **moes word**.

© Berlut Books

HERE IS A LIST OF SOME OF THE WORDS THAT CHANGE WHEN WE USE INDIRECT SPEECH:

here	- there	hier	- daar
to here	- to there	hiernatoe	- daarnatoe
this	- that	hierdie	- daardie
now	- then	nou/dan	- toe
today	- that day	vandag	- daardie dag
this year	- that year	vanjaar	- daardie jaar
yesterday	- the previous day	gister	- die vorige dag
yesterday afternoon	- the previous afternoon	gistermiddag	- die vorige middag
yesterday evening	- the previous evening	gisteraand	- die vorige aand
the day before yesterday	- two days ago	eergister	- twee dae gelede
tomorrow	- the following day	môre	- die volgende dag
tomorrow afternoon	- the following afternoon	môre middag	- die volgende middag
tomorrow evening	- the following evening	môre aand	- die volgende aand
the day after tomorrow	- in two days time	oormôre	- oor twee dae

6. Exclamatory words such as **Eina!, Foei tog!, Liewe Hemel!, Hoera!** etc. may only be used in Direct Speech. In Indirect Speech the emotion must still be expressed, and we do so by describing it.

'**Ouch**, I stumped my toe!' shouted the girl.
The girl shouted **in pain** that *she* had stumped her toe.

'**Eina, ek** het my toon gestamp!' het die meisie geskreeu.
Die meisie het **van pyn** geskreeu dat **sy** haar toon gestamp het.

The captain shouted, '**Hoorah**, we won the match!'
The captain shouted **with joy** that *they* had won the match.

Die kaptein het geskreeu: '**Hoera, ons** het die wedstryd gewen!'
Die kaptein het **met blydskap** geskreeu dat **hulle** die wedstryd gewen het.

7. **AND NOW, JUST TO CONFUSE YOU...**
   We don't have to use the word *dat* and then *the verb no longer needs to go to the end of the sentence.* The *pronouns* and *adverbs of time and place* will still change so as to keep the correct meaning.

Mother says, '**I** am sick.'
Mother says *she* is sick. **(no that)**

Moeder sê: '**Ek** is siek.'
Moeder sê **sy** is siek. **(no dat)**

The student said, '**I** failed the test *today*.'

Die leerling het gesê: '**Ek** het *vandag* die toets gedruip.'

The student said *he* failed the test **that day**. **(no that)**

Die leerling het gesê **hy** het **daardie dag** die toets gedruip. **(no dat)**

HOW 'INDIREKTE REDE' IS TESTED

1. Harry Potter sê: "Ek is 'n towenaar."
   a. Harry Potter sê **dat**_____
   b. Harry Potter sê_____

2. Harry Potter vra: "Is my uil terug?"
   a. Harry Potter vra **of**_____

3. Harry Potter vra: "Waar is my towerstaf?"
   a. Harry Potter vra_____

4. Harry Potter sê: "Ek voel vandag 'n bietjie stout."
   a. Harry Potter **het gesê dat**_____

5. Harry Potter beveel: "Paddas verdwyn!"
   a. Harry Potter beveel **die paddas**_____
   b. Harry Potter beveel **dat**_____

DEELWOORDE - PARTICIPLES

> The participle may be a Noun, Adjective or Adverb, depending on how it is used in the sentence.

1. **DIE TEENWOORDIGE DEELWOORD (PRESENT PARTICIPLE)** (The crying child = The child who is crying)

   The present participle is formed by adding -de or -end(e) after the verb.

   a. **-de is only added to the verbs doen, gaan, sien, slaan, staan and their derivatives**

   doen - doende - voldoende sake   staan - staande - bestaande reëls
   gaan - gaande - verbygaande verkeer   slaan - slaande - slaande deure
   sien - siende - bysiende oë

   b. **-end(e) is used with all other verbs** (usually when we say 'ing' e.g. barking, crying)
   -ende is used *before* a noun   e.g. die lopende water   die blaffende hond
   -end is used *after* a noun   e.g. die water is kokend   die baba was huilend

   UITSONDERINGS (EXCEPTIONS)
   bars - barstende bottel   bly - oorblywende kos/verblydende nuus
   gee - lewegewende water   liefhê - liefhebbende ouers
   minag - minagtende woorde   sê - veelseggende antwoord
   versag - versagtende onstandighede   vertroos - vertroostende hande

2. **DIE VERLEDE DEELWOORD (PAST PARTICIPLE)** (The broken cup = The cup that has been broken)

   These are either **swak (weak) deelwoorde** when they are used **literally**
   e.g. die **gebreekte** koppie (the broken cup).
   or **sterk (strong) deelwoorde** when they are used **figuratively**
   e.g. die **gebroke** hart (the broken heart).

   SWAK VERLEDE DEELWOORDE (literal use)

   a. **-de or -te is added *before* a noun**
   gebraaide vleis,   verbrande sop,   gekookte kos

   b. **-te is always added if the verb ends in a k or a p**
   pluk - die geplukte perskes   skop - die geskopte bal
   skaak - die geskaakte motor   verkoop - die verkoopte huis

   c. **-te is added if the verb ends in a f, g or s and is preceded by a short vowel**
   stof - die afgestofte tafel   lig - die verligte stadion
   pos - die geposte brief   straf - die gestrafte leerling

   d. **-de is added if the word ends in any other letter, has a long vowel or vowel + consonant before f, g or s**
   lam - die verlamde voet   dwaal - die verdwaalde koei
   bederf - bederfde vrugte   verbaas - die verbaasde pryswenner

   e. **-e is added if a word ends in a d or a t**
   brand - verbrande hout   sout - gesoute vis

   f. **Words ending ê**
   lê - gelegde eiers   belê - belegde geld   inlê - ingelegde vrugte

STERK VERLEDE DEELWOORDE (figurative use)
Here the word always ends in an **-e**   (Remember the rules relating to vowel sounds)

A few examples of these are:

aflê	- 'n **afgeleë** plaas (remote)		ry	- **berede** polisie (mounted)
bederf	- 'n **bedorwe** kind (spoilt)		sweer	- **geswore** vyande (sworn)
besluit	- 'n **vasbeslote** persoon (determined)		sluit	- 'n **geslote** boek (closed)
betrek	- **betrokke** lug (overcast)		slyp	- 'n **geslepe** dief (sly)
breek	- 'n **gebroke** hart (broken)		suip	- 'n **besope** man (drunk)
buig	- 'n **geboë** hoof (bowed)		swel	- 'n **geswolle** hoof (swollen)
doen	- **gedane** sake (completed)		verbied	- **verbode** liefde (forbidden)
gee	- 'n **gegewe** oomblik (given)		voorskryf	- **voorgeskrewe** boeke (prescribed)
help	- 'n **geholpe** persoon (helped)		vries	- **bevrore** groente (frozen)
kies	- **gekose** vakke (chosen)		wen	- **herwonne** vryheid (regained)
neem	- **aangenome** kinders (adopted)		wys	- die **aangewese** plek (shown)

HOW 'DEELWOORDE' ARE TESTED

1. Alle leerlinge het (**voorskryf**) **voorgeskrewe** boeke wat hulle saam met hulle ander (**oortrek**) **oorgetrekte** boeke klas toe moet bring.

2. Smôrens hou ons van (**bak**) **gebakte** eiers wat ons saam met 'n beker (**stoom**) **stomende** koffie geniet.

3. Kies die korrekte woord:
   Omdat haar kêrel geëmigreer het, het sy 'n (**gebreekte** / **gebroke**) hart.

VRAAGSINNE - QUESTION SENTENCES

If you are asked to formulate a question from an underlined phrase, then you omit this phrase from your question, and make it your answer.

wie   *wanneer* *wanneer (tyd)*   *waarheen*   *waarom / hoekom*
Ek gaan môre om nege-uur na die supermark toe om kruideniersware te koop.

a. **Wie** gaan môre om nege-uur na die supermark toe om kruideniersware te koop? *(ek)*
b. **Wanneer** gaan jy na die supermark toe om kruideniersware te koop? *(môre)*
c. **Hoe laat** (spesifieke tyd) gaan jy môre om kruideniersware te koop? *(om nege-uur)*
d. **Waarheen** gaan jy môre om kruideniersware te koop? *(na die supermark toe)*
e. **Waarom** gaan jy môre na die supermark toe? *(om kruideniersware te koop)*

DIE INFINITIEF - THE INFINITIVE

DIE INFINITIEF = om te + verb and te + verb

THE INFINITIVE = to + verb

> Remember that in Sv1TOMPv2I, the infinitive always goes to the end.
> Only a 'nie' can follow the infinitive.   (Sv1TOMPv2IN)

1. **The om and the te may be together or separated:**
   Ek hou daarvan **om te** sing.
   Ek hou daarvan **om** in die stortbad **te** sing.

2. **We always need an om and te + verb with the following exceptions:**
   a. **Behoort, hoef nie en hoef net:**
      (behoort ... te verb)   (hoef nie ... te verb nie)   (hoef net ... te verb)

      Jy **behoort** jou huiswerk **te** doen.
      Jy **behoort** jou huiswerk **te ge**doen **het**.   (past tense)

      Jy **hoef nie** vir die toets **te** leer **nie**.
      Jy **hoef nie** vir die toets **te ge**leer **het nie**.   (past tense)

      Jy **hoef net** vir toestemming **te** vra.
      Jy **hoef net** vir toestemming **te ge**vra **het**.   (past tense)

   b. **After the voorsetsel deur:**
      Deur vinnig **te** ry, veroorsaak ons ongelukke.
      Deur vinnig **te ge**ry het, het ons ongelukke veroorsaak. (past tense)

   c. **With blyk en skyn:**   (see pg. 41)
      Marie **blyk** die werk **te verstaan**.
      Marie **blyk** die werk **te verstaan het**.   (past tense)

      Hy **skyn** die werk **te kan doen**.
      Hy **skyn** die werk **te kon doen**.   (past tense)

HOW 'DIE INFINITIEF' IS TESTED

1. They usually give you a regular sentence and then put in words such as **probeer** (try), **hou daarvan** (like), **is besig** (am busy):

   a. Find the **verb** and put the **te** before it.
   b. Put the **om** just **after** the *probeer, hou daarvan* or *is besig*.
   c. The **te + verb** always goes to the **end** of the sentence.

   Ek doen my huiswerk by my lessenaar.   (I do ...)
   Ek **probeer om** my huiswerk by my lessenaar **te doen**.   (I **try** to do ...)
   Ek **hou daarvan om** my huiswerk by my lessenaar **te doen**. (I **like** to do ...)
   Ek **is besig om** my huiswerk by my lessenaar **te doen**. (I **am busy** to do ..... busy doing))

2. They ask you to join 2 sentences with 'om':

   Ek oefen smiddae.   Ek wil fiks word.
   Ek oefen smiddae **om** fiks **te** word.

BLYK EN SKYN - SEEMS OR APPEARS

> BLYK = it is a fact that
> dit blyk dat ...
>
> SKYN = it appears that
> dit skyn asof ...

1. **Dat** and **asof** are both group 3 conjunctions, and the verb therefore goes to the end of the sentence.
   Die trein is laat.
   Dit **blyk dat** die trein laat **is**.　　　　Dit **skyn asof** die trein laat **is**.

2. **Blyk en skyn may be used in the following ways:**
   Dit **blyk dat** my hond siek is.　　　　Dit **skyn asof** die vliegtuig onveilig is.
   My hond **blyk** siek te wees.　　　　Die vliegtuig **skyn** onveilig te wees.

HOW 'BLYK EN SKYN' ARE TESTED

1. They will give you a sentence and then use either **blyk** or **skyn** in the test sentence.

   Die seun het in die rivier verdrink.
   Dit **blyk dat** die seun in die rivier verdrink **het**.
   Dit **skyn asof** die seun in die rivier verdrink **het**.
   Die seun **blyk/skyn** in die rivier **te verdrink het** (no 'om')   (The boy appears to have ....)

   > The word they give you is written in **bold black**.

   Blykbaar /skynbaar kon hy nie langer swem nie. (Apparently)
   Dit **blyk dat** hy nie langer **kon swem** nie.
   Dit **skyn asof** hy nie langer **kon swem** nie
   Hy **blyk/skyn** nie langer **te kon swem** nie. (no 'om')

   Pieter lieg.　(fact)　　　　　　　　　　Pieter lieg.　(opinion)
   Dit **blyk dat** Pieter **lieg**.　　　　　　Dit **skyn asof** Pieter **lieg**.
   Pieter **blyk te lieg**.　(no 'om')　　　　Pieter **skyn te lieg**.　(no 'om')
   Blykbaar lieg Pieter.　　　　　　　　**Skynbaar lieg** Pieter.

   Pieter het gelieg.　　　　　　　　　　　Pieter het gelieg.
   Dit **blyk dat** Pieter gelieg **het**.　　　Dit **skyn asof** Pieter gelieg **het**.
   Pieter **blyk te gelieg het**.　(no 'om')　Pieter **skyn te gelieg het**.　(no 'om')
   Blykbaar het Pieter gelieg.　　　　　**Skynbaar het** Pieter gelieg.

2. They will give you a sentence and you will then have to choose either **blyk** (if it is a fact) or **skyn** (if it is your opinion).

   Ek dink die man het gelieg.　(opinion)　　Daar is bewyse dat hy 'n skelm is.　(fact)
   Die man (**blyk / skyn**) **te gelieg het**.　　Hy (**blyk / skyn**) **'n skelm te wees**.
   Dit (**blyk / skyn**) **asof** die man gelieg het.　Dit (**blyk / skyn**) **dat** hy 'n skelm is.
   (**Blykbaar / Skynbaar**) **het** die man gelieg.　(**Blykbaar / Skynbaar**) **is** hy 'n skelm.

VOORSETSELS - PREPOSITIONS

These are the *small words* which are often incorrectly used in a second language, especially when they are used idiomatically.

A 'voorsetsel' often goes with a certain verb e.g. **praat** goes with **met**.
It is advisable to revise 'voorsetsels' as often as possible, as one gets a feeling for them with time and practice. They then become familiar, like 'tables' in Maths.

SOME GENERAL RULES:

exact time = **om**   approximate time = **teen**   on = **aan**   on top = **op** (t)op   **te** voet and **te** perd
any vehicle = **per** (if there is no **die** or **'n**)   e.g. Hy ry **per** motor   maar   Hy ry **in** die motor.

AAN

aan die brand slaan	- catch alight
aan die einde	- at the end
aan die kant maak	- tidy
aan die slaap raak	- fall asleep
behoort **aan**	- belongs to
dink **aan**	- think of
gee **aan**	- give to
gebrek **aan**	- shortage of
gewoond **aan**	- used to
glo **aan**	- believe in (ghosts)
hand **aan** hand	- hand in hand
hang **aan**	- hangs on (picture)
klop **aan**	- knocks on
leen **aan**	- lend to
ly **aan**	- suffers from
neem deel **aan**	- participate in
ruik **aan**	- sniffs at
sit **aan** tafel	- at table
skakel **aan**	- switch on
skryf **aan**	- write to
skuldig **aan**	- guilty of
studeer **aan**	- study at
verloof **aan**	- engaged to
verslaaf **aan**	- addicted to

AGTER

agter die muur	- behind
loop **agter** iemand	- behind

BY

aankom **by**	- arrive at
bly **by**	- live/stay with
koop **by**	- buy at
kuier **by**	- visit at
ontmoet **by**	- meet at

BO

bo die ouderdom van	- above the age of
bo my vuurmaakplek	- above my ability
verkies tee **bo** koffie	- prefer tea to coffee
vlieg **bo**	- fly above

IN

belangstel **in**	- takes an interest in
glo **in**	- believe in (religion)
in hegtenis neem	- takes into custody
in kennis stel	- inform
in 'n stadium	- at a stage
in plaas van	- instead of
skink **in**	- pour into
spring **in**	- jump into
val **in**	- fall into
woon **in**	- live in

LANGS

die kafee staan **langs** die kantoor - next to

MET

behep wees **met**	- be obsessed with
doen **met**	- doing it with
getroud **met**	- married to
gooi **met**	- throw (him) with
met behulp van	- with the help of
met dagbreek	- at dawn
met opset	- on purpose
met vakansie	- on holiday
praat **met**	- talk to
tevrede **met**	- satisfied with
trou **met**	- marry
vermenigvuldig ses **met** sewe	- multiply
verskil **met** iemand	- differ with someone

NA

aard **na**	- take after
hardloop, loop, reis **na**	- run, walk, journey to
kyk **na**	- look at
luister **na**	- listen to
na skool	- after school (not agter skool!!!)
sien uit **na**	- look forward to
smaak **na**	- tastes like
soek **na**	- look for
verlang **na**	- long for
vertrek **na**	- depart for

OM

aansoek doen **om**	- apply for
om die hoek	- around the corner
om en by	- more or less
om hierdie rede	- for this reason
om hulp roep	- call for help
om tienuur	- at 10 o' clock
vra **om** hulp	- ask for help

ONDER

onder die tafel, brug	- under the table, bridge
verdeel dit **onder** die kinders	- divide amongst

OOR

baklei **oor**	- fight over
dink **oor**	- think about
kla **oor**	- complain about
klim, gooi, spring **oor**	- climb, throw, jump over
kwart **oor**	- quarter past
lag **oor**	- laugh about
oor 'n uur, week	- in an hour's, week's time
praat **oor**	- talk about
stry **oor**	- argue about

OP

jaloers **op**	- jealous of
jy woon **op** 'n dorp	- you live in a town
op die ou end	- in the end
op prys stel	- appreciate
pas... **op**	- look after
sit **op**	- sit on
trots **op**	- proud of
verlief **op**	- in love with
wag **op** (iets)	- wait for
op skool	- at school

PER

per geluk	- by chance
per ongeluk	- by accident
per pos	- by post
per telefoon	- by telephone
per trein, motor	- by train, car (all vehicles)

TEEN

beskerm **teen**	- guard against
'n middel **teen**	- a remedy against
staan **teen**	- stands against
teen middernag	- towards midnight
teen my sin	- against my will
teen R10 per kilogram	- at R10 per kilogram

TEN

ten minste	- at least
ten spyte van	- in spite of

TER

die beste **ter** wêreld	- the best in the world

TOT

tot my verbasing	- to my surprise
wag **tot**	- wait until

UIT

bestaan **uit**	- consists of
klim **uit**	- climb out
trek **uit**	- undress

VAN

in plaas **van**	- instead of
van die begin af	- from the beginning
van môre af	- from tomorrow
van plan om te	- intend, planning to

VIR

bang **vir**	- scared of
kwaad **vir**	- angry with
lief **vir**	- love, fond of
moeg **vir**	- tired of
pasop **vir**	- watch out for
skrik **vir**	- get a fright from
sorg **vir**	- look after
stap **vir** stap	- step by step

VOOR

kwart **voor**	- quarter to
voor die skool	- in front of the school
voor skool	- before school

AFKORTINGS - ABBREVIATIONS

An abbreviation is a shortened or brief form of a word or phrase. It is often used to save time.

- **An abbreviation is usually found in the written form and is not pronounced as it is written.**
  When we speak, we pronounce **mev.** as **mevrou**.
- **An abbreviation usually ends in a full stop.** asb.   mnr.   kapt.
  Single letters are exceptions e.g. **c** (sent) **s** (sekonde)
- **Abbreviations using only capital letters don't get full stops** e.g. **RSA**   (this is optional)

There are hundreds of abbreviations - this list includes only the very commonly used ones:

a.g.v.	as gevolg van (as a result of)	mev.	mevrou (Mrs)
antw.	antwoord (answer)	m.i.	myns insiens (in my opinion)
a.s.	aanstaande (following)	mnr.	meneer (Mr)
asb.	asseblief (please)	mv.	meervoud (plural)
bet.	betekenis (meaning)	n.a.v.	na aanleiding van (as a result of)
bl.	bladsy (page)	n.C.	na Christus (A.D.)
b.nw.	byvoeglike naamwoord (adjective)	nl.	naamlik (namely - viz.)
b.o.	blaai om (P.T.O.)	nm.	namiddag (p.m.)
bv.	byvoorbeeld (e.g.)	no./nr.	nommer (no.)
bw.	bywoord (adverb)	n.v.t.	nie van toepassing (not applicable)
dept.	departement (department)	o.a.	onder andere (amongst others)
d.i.	dit is (i.e. that is)	par.	paragraaf (paragraph)
d.m.v.	deur middel van (by means of)	RSA	Republiek van Suid-Afrika
dr.	dokter (Dr)	red.	redakteur (Editor)
ds.	dominee (Rev.)	SA	Suid-Afrika
d.w.s.	dit wil sê (viz., namely, see also)	s.nw.	selfstandige naamwoord (noun)
ens.	ensovoorts (etc.)	st.	standerd (Std)
genl.	generaal (Gen.)	str.	straat (St)
h/v	hoek van (corner of)	t.o.v.	ten opsigte van (with regard to)
inf.	infinitief (infinitive)	v.C	voor Christus (B.C.)
i.p.v.	in plaas van (instead of)	verl.	verlede (past)
i.v.m.	in verband met (in connection with)	vgl.	vergelyk (cf - refer to)
kapt.	kaptein (capt.)	vlg.	volgende (following)
k.b.a.	kontant by aflewering (C.O.D.)	vm.	voormiddag (v.m.)
km/h	kilometer per uur (km/h)	vnw.	voornaamwoord (pronoun)
LV	Lid van die Volksraad (MP)	VSA	Verenigde State van Amerika (USA)
L.W.	Let Wel (N.B.)	vs.	voorsetsel (preposition)
m.a.w.	met ander woorde (in other words)	wed.	weduwee (widow)
m.b.t.	met betrekking tot (with regard to)	ww.	werkwoord (verb)
mej.	mejuffrou (Miss)		

HOW 'AFKORTINGS' ARE TESTED

They usually give you an abbreviation and ask you to write it out in full, but they can also request you to give an abbreviation for a word.

         byvoorbeeld   **bl.**
Hy sal jou **bv.** (skryf voluit) vra of jy nie 'n skoon **bladsy** (afkorting) het nie.

TYD EN GETALLE - TIME AND NUMBERS

These are usually written in numbers and you are asked to write them out in words.

TIME - TYD

1. Time is always written as <u>one word</u>, except if the number ends in a *vowel*, then we use a *hyphen* to make it easier to read:

eenuur	twee-uur	drie-uur	vieruur	vyfuur	sesuur
sewe-uur	agtuur	nege-uur	tienuur	elfuur	twaalfuur

   > **Remember** to use the preposition **om** before time
   > Ons het **om** sesuur vertrek.

2. Time is written as follows:

6:00	=	**sesuur**
6:15	=	**kwart-*oor*-ses**
6:25	=	**vyf-en-twintig (minute)** *oor* **ses**
6:30	=	**halfsewe** (half way to seven) (Take note!)
6:40	=	**twintig (minute)** *voor* **sewe**
6:45	=	**kwart-*voor*-sewe**
7:00	=	**sewe-uur**

   vm. = voormiddag (a.m.)
   nm. = namiddag (p.m.)
   midnight = **middernag**

3. If we want to say how long something takes in hours, we write it as <u>two words</u>:
   Die reis na Durban het **ses uur** geneem.

4. When we use mass, distance, measurements, hours and years with a number, the noun stays <u>singular</u>:
   2 liter, 36 kilometer, 10 kilogram, 11 uur, 5 jaar.

5. We say <u>ure</u> or <u>jare</u> if we want to emphasise the time taken:
   Ons het **vyf** lang **ure** in die donker gesit.

NUMBERS - GETALLE (NOMMERS)

1	-	een	1e	-	eerste	21	-	een-en-twintig (one and twenty)
2	-	twee	2e	-	tweede	22	-	twee-en-twintig (note the hyphens)
3	-	drie	3e	-	derde	30	-	dertig	30e	-	dertigste
4	-	vier	4e	-	vierde	40	-	veertig	40e	-	veertigste
5	-	vyf	5e	-	vyfde	50	-	vyftig	50e	-	vyftigste
6	-	ses	6e	-	sesde	60	-	sestig	60e	-	sestigste
7	-	sewe	7e	-	sewende	70	-	sewentig	70e	-	sewentigste
8	-	ag(t)	8e	-	ag(t)ste	80	-	tagtig (note!)	80e	-	tagtigste
9	-	nege	9e	-	negende	90	-	negentig (neëntig)	90e	-	negentigste (neëntigste)
10	-	tien	10e	-	tiende						
11	-	elf	11e	-	elfde	100	-	honderd	100e	-	honderdste
12	-	twaalf	12e	-	twaalfde	200	-	tweehonderd (one word)			
13	-	dertien	13e	-	dertiende						
14	-	veertien	14e	-	veertiende	1000	-	duisend	1000e	-	duisendste
15	-	vyftien	15e	-	vyftiende	2000	-	tweeduisend (one word)			
16	-	sestien	16e	-	sestiende						
17	-	sewentien	17e	-	sewentiende	1 000 000	-	miljoen	1 000 000e	-	miljoenste
18	-	agtien	18e	-	agtiende	1999	-	Negentienhonderd nege-en-negentig / Neëntienhonderd nege-en-neëntig			
19	-	negentien (neëntien)	19e	-	negentiende (neëntiende)	2004	-	tweeduisend-en-vier			
20	-	twintig	20e	-	twintigste	625	-	seshonderd vyf-en-twintig			

SINONIEME - SYNONYMS

Synonyms are words of the same or of similar meanings.

ANGLISISME	SUIWER AFRIKAANS	ANGLISISME	SUIWER AFRIKAANS
admireer	- **bewonder** (admire)	kontinent	- **vasteland** (continent)
apologie	- **verskoning** (apology)	konversasie	- **gesprek** (conversation)
applikasie	- **aansoek** (application)	kritiseer	- **beoordeel** (criticise)
appresieer	- **waardeer** (appreciate)	kurrikulum	- **leerplan** (curriculum, syllabus)
arrangeer	- **rangskik** (arrange)	kwaliteit	- **gehalte** (quality)
aroma	- **geur** (aroma)	kwantiteit	- **hoeveelheid** (quantity)
arriveer	- **aankom** (arrive)	leksikon	- **woordeboek** (dictionary)
attensie	- **aandag** (attention)	literatuur	- **letterkunde** (literature)
dekorasie	- **versiering** (decoration)	matesis	- **wiskunde** (maths)
demokrasie	- **volksregering** (democracy)	metode	- **wyse** (method)
destinasie	- **bestemming** (destination)	modern	- **nuwerwets** (modern)
destruksie	- **verwoesting** (destruction)	moment	- **oomblik** (moment)
direksie	- **rigting** (direction)	offisieel	- **amptelik** (official)
edukasie	- **opvoeding** (education)	okkasie	- **geleentheid** (occasion)
ekwator	- **ewenaar** (equator)	opponent	- **teenstander** (opponent)
eleksie	- **verkiesing** (election)	ordinêre	- **gewone** (ordinary)
essensieel	- **noodsaaklik** (essential)	periode	- **tydperk** (period)
finansieel	- **geldelik** (financial)	permissie	- **verlof** (permission)
fotograaf	- **afnemer** (photographer)	populasie	- **bevolking** (population)
garage	- **motorhuis** (garage)	professie	- **beroep** (occupation, profession)
historiese	- **geskiedkundige** (historical)	rapportkaart	- **verslagkaart** (report)
katastrofe	- **ramp** (disaster)	realiseer	- **besef** (realise)
kolleksie	- **versameling** (collection)	rekommendeer	- **aanbeveel** (recommend)
komedie	- **blyspel** (comedy)	reserveer	- **bespreek** (reserve)
kompensasie	- **vergoeding** (compensation)	resultaat	- **uitslag** (result)
konflik	- **stryd** (conflict)	satisfaksie	- **bevrediging** (satisfaction)
konfidensieel	- **vertroulik** (confidential)	skoliere	- **leerlinge** (scholars)
konklusie	- **gevolgtrekking** (conclusion)	substituut	- **plaasvervanger** (substitute)
konserwatief	- **nougeset** (conservative)	tragedie	- **treurspel** (tragedy)

SYNONYMS WHICH ARE COMMONLY USED:

aanspoor	- **aanmoedig** (encourage)	koerant	- **nuusblad** (newspaper)
altemit	- **miskien, dalk** (perhaps)	onbeskof	- **ongemanierd** (rude)
bang	- **bevrees, lafhartig** (scared, cowardly)	opdaag	- **aankom** (arrive)
bly	- **gelukkig** (happy)	praat	- **gesels** (talk, chat)
dadelik	- **onmiddellik, nou** (now)	present	- **geskenk** (present)
dom	- **dwaas, onnosel** (stupid)	stormagtige	- **onstuimige** (stormy)
familie	- **gesin** (family)	suinig	- **vrekkig** (stingy)
gou	- **vinnig** (fast)	treurig	- **ongelukkig, droewig** (sad)
grappig	- **koddig, snaaks** (funny)	verjaardag	- **geboortedag** (birthday)
hoflik	- **beleef** (polite)	verniet	- **gratis** (free)

'SINONIEME' ARE USUALLY TESTED IN THE FOLLOWING SWAYS:
a. Gee 'n ander woord vir **direksie** = rigting
b. Hy verander van **direksie** (sinoniem) rigting
c. They often give you the Anglisisme (English derivative) and you have to supply the better Afrikaans word (Suiwer Afrikaans).

ANTONIEME (TEENOORGESTELDES) - OPPOSITES

This list of opposites is also useful for vocabulary:

aanhou - **ophou**	continue - **stop**
aankoms - **vertrek**	arrival - **departure**
afwesig - **teenwoordig**	absent - **present**
agtertoe - **vorentoe**	backwards - **forwards**
alles - **niks ... nie**	everything - **nothing**
baie - **min**	many/much - **few**
begin - **einde**	beginning - **end**
blydskap - **verdriet**	joy - **sorrow**
boontoe - **ondertoe**	upwards - **downwards**
brandmaer - **spekvet**	very thin - **very fat**
dag - **nag**	day - **night**
dapper - **bang, lafhartig**	brave - **scared, cowardly**
dek - **afdek**	set - **take off (table)**
diep - **vlak**	deep - **shallow**
dikwels - **selde**	often - **seldom**
dolleeg - **propvol**	very empty - **very full**
dronk - **nugter**	drunk - **sober**
droog - **nat**	dry - **wet**
duskant - **anderkant**	this side - **other side**
dwerg - **reus**	dwarf - **giant**
eerbied - **minagting**	respect - **disrespect**
êrens - **nêrens**	somewhere - **nowhere**
fisies - **sielkundig**	physical - **psychological**
fyn - **grof**	delicate - **coarse**
gevaarlik - **veilig**	dangerous - **safe**
groot - **klein**	big - **small**
hartseer - **vrolik**	heartsore - **cheerful**
helder - **betrokke**	clear - **overcast (sky)**
hemel - **aarde**	heaven - **earth**
hitte - **koue**	heat - **cold**
hoogmoedig - **nederig**	vain - **modest**
iemand - **niemand**	someone - **no-one**
jeug - **ouderdom**	youth - **old age**
juig - **treur**	cheer - **mourn**
laat - **vroeg**	late - **early**
lawaai - **stilte**	noise - **silence**
liefde - **haat**	love - **hatred**
lui - **fluks**	lazy - **hardworking**
mak - **wild**	tame - **wild**
maklik - **moeilik**	easy - **difficult**
mis - **raak**	miss - **hit**
misluk - **slaag**	fail - **succeed**
modern - **ouderwets**	modern - **old fashioned**
mondig - **minderjarig**	of age (21) - **minor**

mooi - **lelik**	pretty - **ugly**
nader - **verder**	nearer - **further**
netjies - **slordig**	neat - **untidy**
onbeskof - **hoflik**	rude - **polite**
oorlog - **vrede**	war - **peace**
oorsaak - **gevolg**	cause - **result**
open - **sluit**	open - **close**
oppak - **af/uitpak**	pack - **unpack**
optel - **neersit**	pick up - **put down**
optimisties - **pessimisties**	optimistic - **pessimistic**
orals - **nêrens**	everywhere - **nowhere**
orde - **wanorde**	order - **chaos**
plankdun - **trommeldik**	very thin - **very thick**
praat - **swyg, stilbly**	talk - **keep quiet**
rats - **lomp**	supple - **clumsy**
rykdom - **armoede**	wealth - **poverty**
seldsame - **alledaagse**	rare - **common**
siek - **gesond**	sick - **healthy**
skriftelik - **mondeling**	written - **oral**
skuldig - **onskuldig**	guilty - **innocent**
slaag - **druip**	pass - **fail**
spaar - **verkwis**	save - **waste**
sterk - **swak**	strong - **weak**
stokoud - **bloedjonk**	very old - **very young**
styg - **daal**	rise - **fall**
suinig - **vrygewig**	stingy - **generous**
swaar - **lig**	heavy - **light**
tevrede - **ontevrede**	satisfied - **dissatisfied**
toelaat - **verbied**	allow - **forbid**
vergeet - **onthou**	forget - **remember**
versnel - **verminder**	quicken - **slacken**
vertrou - **wantrou**	trust - **dis/mistrust**
vinnig - **stadig**	quickly - **slowly**
volop - **skaars**	abundance - **scarcity**
voordeel - **nadeel**	advantage - **disadvantage**
voorspoed - **teenspoed**	prosperity - **adversity**
vra - **antwoord**	ask - **answer**
vreugde - **verdriet**	joy - **sorrow**
vriend - **vyand**	friend - **enemy**
vroeër - **later**	earlier - **later**
waarheid - **leuen**	truth - **lie**
wen - **verloor**	win - **lose**
yskoud - **vuurwarm**	ice cold - **boiling hot**

OPPOSITES ARE OFTEN TESTED IN THE FOLLOWING WAY:
Die seun (**wat nie soet is nie**) (een woord) **stout**
(Think what it would have been in English and then give the Afrikaans equivalent.)

VERGELYKINGS - SIMILES

These are often similar to the Intensiewe Vorm
(baie koud is yskoud - so koud soos ys)

COMMONLY USED SIMILES:

- so **arm** soos 'n **kerkmuis** (poor)
- so **bitter** soos **gal** (bitter)
- so **bleek** soos 'n **laken** (pale)
- so **blind** soos 'n **mol** (blind)
- so **blou** soos die **hemel/die berge** (blue)
- so **dapper** soos 'n **leeu** (brave)
- so **dood** soos 'n **mossie** (dead)
- so **doof** soos 'n **kwartel** (deaf)
- so **dom** soon 'n **esel** (stupid)
- so **donker** soos die **nag** (dark)
- so **dronk** soos 'n **matroos** (drunk)
- so **droog** soos **kurk/strooi** (dry)
- so **dun** soos 'n **plank** (thin)
- so **fris** soos 'n **perd** (healthy)
- so **geduldig** soos **Job** (patient)
- so **geel** soos **goud** (yellow)
- **geld** soos **bossies** (rich)
- so **gereeld** soos **klokslag** (regular)
- so **giftig** soos 'n **slang** (poisonous)
- so **goed** soos **goud** (good)
- so **glad** soos **seep** (smooth)
- so **groen** soos **gras** (green)
- so **groot** soos 'n **reus** (big)
- so **hard** soos 'n **klip** (hard)
- so **helder** soos **kristal** (clear)
- so **honger** soos 'n **wolf** (hungry)
- so **koel** soos 'n **komkommer** (cool)
- so **koud** soos **ys** (cold)
- so **krom** soos 'n **hoepel** (crooked)
- so **kwaai** soos 'n **tierwyfie** (vicious)
- so **lelik** soos die **nag** (ugly)
- so **lig** soos 'n **veer** (light)
- so **lui** soos 'n **donkie** (lazy)
- so **maer** soos 'n **kraai** (thin)
- so **mak** soos 'n **lam** (tame)
- so **maklik** soos **pyp opsteek** (easy)
- so **moeg** soos 'n **hond** (tired)

- so **nat** soos 'n **kat** (wet)
- so **nuuskierig** soos 'n **aap** (curious)
- so **oud** soos die **berge** (old)
- so **plat** soos 'n **pannekoek** (flat)
- **pronk** soos 'n **pou** (shows off)
- so **reg** soos 'n **roer** (right)
- so **rond** soos 'n **koeël** (round)
- so **rooi** soos **bloed** (red)
- so **regop** soos 'n **kers** (upright)
- **rook** soos 'n **skoorsteen** (smokes)
- so **sag** soos **sy** (soft)
- so **seker** as **twee maal twee vier is** (sure)
- **sing** soos 'n **nagtegaal** (sings)
- so **skerp** soos 'n **skeermes** (sharp)
- so **skraal** soos 'n **riet** (thin, scrawny)
- so **skurf** soos 'n **padda** (rough)
- **slaap** soos 'n **klip** (sleeps)
- so **slim** soos 'n **jakkals** (clever, crafty)
- so **soet** soos **suiker/stroop** (sweet)
- so **stadig** soos 'n **trapsoetjies** (slow)
- so **steeks** soos 'n **donkie** (stubborn)
- so **sterk** soos 'n **os** (strong)
- so **stil** soos 'n **muis** (quiet)
- **stink** soos 'n **muishond** (smells)
- so **suur** soos **asyn** (sour)
- so **swaar** soos **lood** (heavy)
- so **swak** soos 'n **lammetjie** (weak)
- so **swart** soos die **nag** (black)
- **swem** soos 'n **vis** (swims)
- **sweet** soos 'n **perd** (sweats)
- so **taai** soos 'n **ratel** (tough)
- so **trots** soos 'n **pou** (proud)
- so **vas** soos 'n **rots** (steady)
- so **veranderlik** soos die **weer** (changeable)
- so **vinnig** soos 'n **windhond** (fast)
- so **wit** soos **sneeu** (white)

Try to include a 'vergelyking' in your creative writing.

INTENSIEWE VORM/VERSTERKTE VORM - INTENSIVE FORM

- The Intensive Form is a creative way of saying something is 'very' ... e.g. ice-cold, blood red.
- The intensive form is often the same as the simile e.g. **baie koud** is **yskoud** or **so koud soos ys**.
- It is always written as <u>one word</u>.
- The intensive form has no degrees of comparison.

IT IS POSSIBLE TO GROUP THESE WORDS TO A CERTAIN EXTENT:

'STOK' FOR WORDS RELATING TO OLD

alleen (alone)	**stok(siel)alleen**
blind (blind)	**stokblind**
doof (deaf)	**stokdoof**
flou (weak)	**stokflou**
oud (old)	**stokoud**
styf (stiff)	**stokstyf**

DOOD

bang (scared)	**doodbang**
bleek (pale)	**dood(s)bleek**
eenvoudig (simple)	**doodeenvoudig**
eerlik (honest)	**doodeerlik**
gaar (cooked)	**doodgaar**
gelukkig (happy)	**doodgelukkig**
gewoon (ordinary)	**doodgewoon**
goed (good)	**doodgoed**
lekker (nice)	**doodlekker**
moeg (tired)	**doodmoeg**
onskuldig (innocent)	**doodonskuldig**
skaam (shy)	**doodskaam**
seker (certain)	**doodseker**
siek (siek)	**doodsiek**
stil (quiet)	**doodstil**
swak (weak)	**doodswak**
tevrede (satisfied)	**doodtevrede**

BRAND

arm (poor)	**brandarm**
maer (thin)	**brandmaer**

SMOOR

dronk (drunk)	**smoordronk**
kwaad (cross)	**smoorkwaad**
verlief (in love)	**smoorverlief**

MORS

af (broken)	**morsaf**
dood (dead)	**morsdood**

BLOED

jonk (young)	**bloedjonk**
min (few)	**bloedmin**
rooi (red)	**bloedrooi**
weinig (few)	**bloedweinig**

beroemd (famous)	**wêreldberoemd**
bitter (bitter)	**galbitter**
blank (pale)	**lelieblank**
blou (blue)	**potblou**
breed (wide)	**hemelsbreed**
deur (through)	**dwarsdeur**
dig (tight)	**potdig**
dik (thick)	**trommeldik**
donker (dark)	**pikdonker**
droog (dry)	**kurkdroog**
dun (thin)	**plankdun**
duur (expensive)	**peperduur**
fris (healthy)	**perdfris**
fyn (fine)	**haar-/piekfyn**
geel (yellow)	**goudgeel**
gek (mad)	**stapelgek**
glad (smooth)	**seep/spieëlglad**
goedkoop (cheap)	**spotgoedkoop**
graag (keen)	**dolgraag**
groen (green)	**grasgroen**
hard (hard)	**kliphard**
helder (clear)	**kristalhelder**
hoog (high)	**hemelhoog**
klein (small)	**piepklein**
koud (cold)	**yskoud**
krom (crooked)	**hoepelkrom**
lam (lame)	**boeglam**
leeg (empty)	**dolleeg**
lelik (ugly)	**skreeulelik**
lewendig (lively)	**springlewendig**
lig (light)	**veerlig**
lui (lazy)	**vreklui**
mak (tame)	**hondmak**
mooi (pretty)	**wondermooi**
nakend (naked)	**poedelnakend**
nat (wet)	**papnat**
nodig (necessary)	**broodnodig**
nuut (new)	**splinternuut**
orent (upright)	**penorent**
reguit (straight)	**pylreguit**
rond (round)	**koeëlrond**
ryk (rich)	**skatryk**
ryp (ripe)	**papryp**
sag (soft)	**papsag**
skoon (clean)	**silwerskoon**
skoon (pretty)	**beeldskoon**
skraal (slender)	**rietskraal**
snel (swift)	**blitssnel**
soet (sweet/good)	**stroopsoet**
suinig (stingy)	**vreksuinig**
suur (sour)	**asynsuur**
swaar (heavy)	**loodswaar**
swart (black)	**pikswart**
vaal (grey)	**asvaal**
vas (firm)	**rotsvas**
verlief (in love)	**dolverlief**
vet (fat)	**spekvet**
vol (full)	**prop/stampvol**
vreemd (strange)	**wildvreemd**
vrot (rotten)	**papvrot**
warm (warm/hot)	**vuurwarm**
wit (white)	**sneeu/spierwit**
wyd (wide)	**wawyd**

HOW 'INTENSIEWE VORM' IS TESTED

- You are usually asked to give the **correct form** of the word in brackets.
  e.g. Die man was (baie moeg) **doodmoeg** toe hy daar gekom het.
- They sometimes test the **teenoorgesteldes** (opposites) **stokoud - bloedjonk**.

Try to include an example of 'intensiewe vorm' in your creative writing.

SAMESTELLINGS - COMPOUND WORDS

These are two or more independent words, which together form a new word.

- If there is a change, it occurs at the end of the first word.
- The second word never changes.

THERE ARE CERTAIN GROUPINGS THAT WE CAN FOLLOW:

SOME WORDS SIMPLY JOIN TOGETHER
dorp + skool = dorpskool
meisie + skool = meisieskool
seun + skool = seunskool
slaap + kamer = slaapkamer
tafel + doek = tafeldoek

e BETWEEN THE WORDS
boek + kennis = boekekennis
boer + plaas = boereplaas
dier + tuin = dieretuin
haas + pad = hasepad
held + daad = heldedaad
hond + hok = hondehok
noord + wind = noordewind
oos + wind = oostewind
perd + stal = perdestal
vrou + persoon = vrouepersoon
wes + wind = westewind

s BETWEEN THE WORDS
broek + pyp = broekspyp
broer + kind = broerskind
hemp + mou = hempsmou
kind + been = kindsbeen
knoop + gat = knoopsgat
koning + dogter = koningsdogter
land + taal = landstaal
man + hemp = manshemp
stad + kind = stadskind
stad + lewe = stadslewe
toegang + kaartjie = toegangskaartjie

er BETWEEN THE WORDS
kalf + liefde = kalwerliefde
kind + bybel = kinderbybel
kind + dae = kinderdae
kind + dokter = kinderdokter
suid + kruis = suiderkruis
broer + liefde = broederliefde

en (s) BETWEEN THE WORDS
eet + tyd = etenstyd
eet + uur = etensuur
lewe + lank = lewenslank
lewe + styl = lewenstyl
nooi + liefde = nooiensliefde
sterf + uur = sterwensuur
wa + huis = waenhuis

WORDS ENDING IN f GET we
brief + bus = briewebus
druif + sap = druiwesap

WE ONLY GET ss IF THE FIRST WORD ENDS IN AN s AND THE SECOND WORD BEGINS WITH AN s
baas + speler = baasspeler
dans + skool = dansskool
gras + snyer = grassnyer
jas + sak = jassak
plaas + seun = plaasseun

THE FIRST WORD OF A COMPOUND NOUN IS ALWAYS SINGULAR
meisies + skool = meisieskool
seuns + skool = seunskool
mans + skoene = manskoene

REMEMBER YOUR BED-ENDS
kop + ent = koppenent
voet + ent = voetenent

EXCEPTIONS*
aarde + appel = aartappel
aarde + bewing = aardbewing
aarde + wurm = erdwurm
hoog + veld = hoëveld
koning + ryk = koninkryk
os + wa = ossewa
rib + been = ribbebeen
skip + dokter = skeepsdokter
skip + kaptein = skeepskaptein
vrug + boord = vrugteboord

HOW TESTED — They may ask you to join two words into one word in the following ways:
stad + lewe = **stadslewe** or die **lewe** in die **stad** (een woord) = **stadslewe**

IDIOMATIESE UITDRUKKINGS
IDIOMATIC EXPRESSIONS

Idiomatic language is expressive and colourful.

THESE ARE SOME OF THE MORE COMMONLY USED IDIOMATIC EXPRESSIONS:

- **aanhouer wen** - if you persist you will succeed
- **aardjie na sy vaartjie** - he takes after his father
- **agteros kom ook in die kraal** - even if you are slow, as long as you get there
- **alles vir soetkoek opeet** - believes everything
- **alles was in rep en roer** - everything was chaotic
- **as die skoen pas, trek dit aan** - if the shoe (hat) fits, wear it
- **belofte maak skuld** - you must keep your promises
- **bokant my vuurmaakplek** - above my ability
- **boontjie kry sy loontjie** - you get what you deserve (as you sow, so shall you reap)
- **daar is 'n slang in die gras** - something is wrong
- **die aap uit die mou laat** - to give away a secret or confidence
- **die appel val nie ver van die boom nie** - takes after his father or mother
- **die koeël is deur die kerk** - it's too late, nothing can be done
- **die paal haal** - to succeed
- **die poppe dans** - the trouble begins
- **die spyker op die kop slaan** - to hit the nail on the head
- **eet met lang tande** - don't enjoy what you eat
- **gou op jou perdjie** - quick tempered
- **honger is die beste sous** - hunger is the best cook
- **hoog in die takke** - drunk
- **hou jou hande tuis** - don't touch
- **hy het lang vingers** - he steals
- **hy is nie onder 'n kalkoen uitgebroei nie** - he is no fool
- **hy is nog nat agter die ore** - young and inexperienced
- **hy skrik nie vir koue pampoen nie** - he doesn't scare easily
- **hy spring riem** - he gets a hiding
- **hy vang kattekwaad aan** - he is up to mischief
- **iemand in die pad steek** - fire, discharge someone
- **iemand 'n gat in die kop praat** - convince somebody
- **iets uit jou duim suig** - make something up
- **iets vir 'n appel en 'n ei koop of verkoop** - buys or sells something very cheaply
- **in sy noppies** - in his element (very happy with something)
- **jakkals prys sy eie stert** - to praise yourself
- **Jan Rap en sy maat** - every Tom, Dick and Harry (anyone and everyone)
- **jou rieme styfloop** - get into trouble
- **kort van draad** - short tempered
- **liewer bang Jan as dooi Jan** - rather scared than dead
- **Maljan onder die hoenders** - the rose among the thorns (the only man among the women)
- **'n halwe eier is beter as 'n leë dop** - a half an egg is better than none
- **'n mond vol tande** - a mouth full of teeth (does not know what to say)
- **'n nuwe besem vee skoon** - a new broom sweeps clean
- **'n nuwe blaadjie omslaan** - turn over a new leaf
- **'n olifant van 'n vlieg maak** - to exaggerate
- **na vrolikheid kom olikheid** - after pleasure comes pain (consequences)
- **om die bos lei** - cheat someone
- **ondervinding is die beste leermeester** - experience is the best teacher
- **op heter daad betrap** - catch someone red handed
- **sy bak kluitjies** - tells lies
- **sy/haar kop is vol muisneste** - he/she thinks about girls/boys all day
- **sy hartjie is klein** - he cries very easily
- **sy oë is groter as sy maag** - he takes more food than he can eat
- **tou opgooi** - give up
- **voëls van eendersse vere** - birds of a feather (the same type of people)
- **voor op die wa** - assertive, not shy, forward
- **witvoetjie soek** - to seek favour
- **wittebroodsdae** - honeymoon

Try to include an 'uitdrukking' in your creative writing.

ALGEMENE FOUTE - COMMON ERRORS

A. VERWARRENDE WOORDE (CONFUSING WORDS)

aantal getal nommer	number (unspecific) number (specific) number	Ons het 'n **aantal** nuwe boeke bestel. Die **getal** verlore boeke is ses. Dis belangrik dat jy 'n **nommer** buite jou huis het.
al alle alles almal	all, already all the everything everyone	Hy het **al** die werk gedoen. Het jy **al** geëet? **Alle** leerlinge skryf toetse. Die hond het **alles** opgeëet. Ons wil **almal** die partytjie bywoon.
ander ander anders	different, another the others otherwise	Ek het 'n **ander** pad gekies en is vandag gelukkig. Die **ander** deelnemers is alreeds daar. Jy moet hard leer; **anders** sal jy druip.
beteken bedoel	means - thing means - person	Die liefde **beteken** baie vir my. Die man **bedoel** wat hy sê en hy sal sy belofte nakom.
beurt buurt	turn neighbourhood	Dis my **beurt** om eerste te gaan. Die nagwag patrolleer ons **buurt**.
bleik blyk	bleach appears	Die son het die meubels **gebleik.** Dit **blyk** dat hy skuldig is.
dokter doktor	medical doctor academic doctor	Die siek vrou het 'n afspraak by die **dokter**. Ons onderwyser is 'n **doktor** in wetenskap.
eindelik eintlik	eventually actually	Na drie uur het hy **eindelik** die dorpie bereik. Ek gee **eintlik** nie om dat sy huil nie.
enige enigste	any only	Is daar **enige** vrae? Jy is die **enigste** een wat nie verstaan nie.
erken herken ontken verken	admit recognise deny spy, scout	Die dief het **erken** dat hy skuldig is. Ek het haar van haar foto **herken**. Die dief het **ontken** dat hy skuldig is. Die soldate **verken** die vyande se kamp.
foto fotograaf	photograph photographer	Dis 'n pragtige **foto** van die baba. Die **fotograaf** neem pragtige foto's van die baba.
gelede verlede verlede	ago last past	Hulle is twee weke **gelede** getroud. Ek het **verlede** week plaas toe gegaan. In die **verlede** was daar geen elektrisiteit nie.
gehoor gehoor verhoor	heard audience hearing (court)	Het jy die nuus **gehoor**? Die **gehoor** het die musiek geniet en het hard geklap. Die moordenaar se **verhoor** begin oor twee dae.

gesin **familie**	immediate family extended family	Ek, Ma en Pa is maar 'n klein **gesin**netjie. Haar hele **familie** het na die troue toe gegaan.
grootte **grote** **groter** **grotte**	size large one bigger caves	Watter **grootte** skoen dra jy? As ek moet kies, sal ek liewers die **grote** neem. Waatlemoene is **groter** as spanspekke. Daar is vlermuise in die **grotte**.
haal **hael**	fetch hail	Gaan **haal** die koerant by die voordeur. Die groot **hael** slaan die plante stukkend.
help **hulp**	help (v) help (n)	Sy het my **hulp** nodig; daarom gaan ek haar **help**. Sy het my **gehelp** omdat ek desperaat om **hulp** gevra het.
kan **mag**	can may	Hy **kan** goed swem; daarom **kan** hy die kinders dam toe vat. **Mag** ek saamkom? Ek **mag** nie alleen hier wag nie.
ken **weet**	to know somebody or something to know *about* somebody or something	Ek **ken** die man goed. (ken is always followed by an object) Ek **ken** al my werk. Ek **weet** wanneer die klokkie lui. (weet is never followed Ek **weet** alles oor die saak. by an object)
klere **kleure**	clothes colours	Hy het baie gegroei en sy **klere** is nou te klein. Ons vind al die **kleure** in 'n reënboog.
kwaad **kwaai**	cross vicious, strict	Sy is **kwaad**, want die **kwaai** hond het haar rok geskeur. Ek is **kwaad** vir jou omdat jy my so **kwaai** aangekyk het.
kortliks **kort-kort** **binnekort**	briefly every now and again soon	Ek het nie tyd nie - vertel my **kortliks** wat gebeur het. Hy is bang en hy kyk **kort-kort** of hy vervolg word. Die droogte laat die boere bid dat dit **binnekort** sal reën.
kuier **besoek**	social visit pay a visit	Desembermaand **kuier** ek by my neef-hulle in Kaapstad. Ek **besoek** elke ses maande die tandarts.
lei **lui** **ly**	to lead to ring, lazy to suffer	Die hoofseun **lei** die leerlinge van sy skool. Die klok **lui** na pouse en die **lui** leerling loop stadig klas toe. Die siek pasiënt **ly** nou al ses maande lank.
leun **leuen**	lean a lie	Hy **leun** met sy kop teen die kussing. Moenie vir die magistraat 'n **leuen** vertel nie.
lig **lug**	a light, light air, the sky	Skakel die **lig** aan. Die pakkie is nie swaar nie; dit is **lig**. Die lente**lug** is vars. Voor die storm is die **lug** swart.
maar **maer**	but thin	Sy het hard gespaar, **maar** sy het nie genoeg geld vir 'n huis gehad nie. Die vrou gaan op 'n dieet, want sy wil **maer** wees.
maat **vennoot**	partner – personal partner – business	Het jy 'n **maat** na die matriekdans toe uitgenooi? My pa en sy **vennoot** het 'n suksesvolle besigheid.

meeste meestal	most mostly	**Die meeste** honde hou van hondeblokkies. Honde word **meestal** soggens en saans gevoer.
minstens ten minste	at least - numbers at least - minimum	Daar is **minstens** 25 leerlinge in 'n klas. Jy moet jou ma **ten minste** sê wanneer jy laat sal wees.
mooi moeilik	pretty difficult	Mej. Suid-Afrika is baie **mooi**. Die Wiskunde-eksamen was baie **moeilik**.
opgewonde opwindend	excited exciting	Sy is **opgewonde** omdat sy 'n nuwe hondjie gaan kry. Dis **opwindend** om nuwe mense te ontmoet en nuwe ervarings te hê.
raad raat	advice remedy	My oupa se **raad** is altyd goed en verstandig. My ouma se **raat** vir hoes is heuning en suurlemoen.
reis rys rys	journey rice to rise	Die **reis** Durban toe neem ses uur. Ek hou van kerrie en **rys**. Bakpoeier laat 'n koek **rys**.
ronde rondtes	round rounds	Sokker word met 'n **ronde** bal gespeel. Die bokser het al tien **rondtes** geveg.
sal wil	shall, will want to	Ek **sal** more poskantoor toe gaan. Ek **wil** aan die Idols Kompetisie deelneem.
slag slaag	slaughtered succeed	Die diere word by die slagpale **geslag**. As jy hard werk, sal jy goed **slaag**.
self selfs	on your own even	Ek het **self** die motor herstel. **Selfs** die slegste kok kan hierdie koek bak.
steur stuur	disturb send	As jy die slapende hond **steur**, sal hy blaf. Hy **stuur** vir sy meisie 'n bos rose.
sommige soms	some sometimes	**Sommige** katte het lang hare. **Soms** lees ek en **soms** kyk ek televisie.
swaar swaer	heavy brother-in-law	Tien kilogram is **swaar** om op te tel. Wanneer my suster trou, is haar man my **swaer**.
tou lyn streep	queue rope, string a line	Die mense staan in 'n **tou** om kaartjies te koop. Bind die pakkie met **lyn** vas. Trek 'n **streep** onder die korrekte antwoord.
tuiswerk huiswerk	homework housework, chores	Dis amper eksamens en ons het baie **tuiswerk**. Die arme vrou doen die hele dag **huiswerk**.
verlaat vertrek	leave depart	Hy het om sesuur die gebou **verlaat**. Die vliegtuig **vertrek** van Waterklooflughawe af.
verloor verdwaal	lose to be lost	Ek het my horlosie **verloor**. Die klein seuntjie het in die winkelsentrum **verdwaal**.

verveeld	bored	Die leerlinge is **verveeld**, want die les is vervelig.
vervelig	boring	Die rolprent was **vervelig** en ek het dit nie geniet nie.
vyf uur	duration	Dit het **vyf uur** lank geneem om daar te kom.
vyfuur	time	Ons het om **vyfuur** vertrek en het om tienuur daar aangekom.
waardeer	appreciate	Ek **waardeer** alles wat my ouers vir my doen.
waardeur	through which	Die deur **waardeur** hy storm, staan oop.
wedren	race: car, bicycle	Schumacher het die **wedren** maklik gewen.
wedloop	race: walk, run	Die atlete neem aan die 100 meter **wedloop** deel.
wedstryd	sports match	Dis 'n boeiende tennis**wedstryd**.
wedstryd	competition	Sy het R100 in die **wedstryd** gewen.
wedvaart	race: sail	Almal ken die Kaap-tot-Rio seil**wedvaart**.

B. NUTTIGE WENKE - SOME USEFUL HINTS

Take note of these useful hints - they may just tip the scales!

1. My parents **and I** - **Ek en** my ouers het 'n goeie verhouding.
   My friends **and I** - **Ek en** my vriende kuier gesellig saam.

2. **for** two years - Ons het ~~vir~~ twee jaar **lank** nie 'n motor gehad nie.
   for a short while - Ek sal ~~vir~~ 'n kort rukkie **lank** by my ouma kuier.

3. **Klein** is always followed by the diminutive:
   Sneeuwitjie het saam met sewe **klein** dwerg**ies** in 'n **klein** huis**ie** gewoon.

4. When **direction** is involved, we always use two prepositions:
   Ek klim **by** die venster **uit**.   Sy loop **in** die straat **af**.
   Hy spring **van** die brug **af**.   Hy gaan **na** die bure **toe**.

5. 'n mens (one) = **jy, jou**   'n Mens moet **jou** hare was en **jy** moet **jou** tande borsel.
   die mens (man) = **hy, hom, sy**   Die mens moet die natuur liefhê en **hy** moet bome plant en **hom** oor die diere ontferm.

6. **Ma, ma, Pa, pa, Ouma, ouma, Oupa, oupa**
   Only when these are used as **names** do we use a capital letter.
   Ek wil **Ma** vertel wat **Pa** gisteraand vir Susan se **pa** gesê het, of het haar **ma** reeds vir **Ma** gebel?

7. **'iets'** or **'niks'** + adjective + **'s'**
   Sy het **iets moois** gekoop, maar haar boetie het **niks goeds** daaroor te sê nie.

8. Preposition + **dit** = **daar** + preposition
   na + dit = **daarna**   op + dit = **daarop**   met + dit = **daarmee**   vir + dit = **daarvoor**

9. **towards** = **'na'.....'toe'** or **'toe'** alone and then there is no article before the noun.
   Ek gaan **na** die winkel **toe** en daarna gaan ek tandarts **toe**.
   Hy kom saam **na** my ouma **toe** en dan gaan ons altwee bioskoop **toe**.

10.	Specific time on the clock = **om** : At three o' clock = **om** drie-uur Die vliegtuig land **om** elfuur; dus vertrek ons **om** tienuur van die huis af.
11.	A numeral before words indicating mass/distance /size and time taken i.e. **kilogram, meter, liter, jaar, uur** forces the noun to remain in the singular. vier **jaar** gelede sewe **uur** lank dertien **liter** drie **kilometer** (exception = minuut) 💡 Ek kan my asem twee **minute** lank hou.
12.	**On** Monday, **on** Tuesday etc. - in Afrikaans we do not use the preposition. Wil jy nie **Donderdag** saamkom nie? Jy oefen mos net **Dinsdae** en **Saterdae**.
13.	**like** = **hou van** **like to** = **hou daarvan om te** Ek **hou van** soesji, maar my vriend **hou van** pizza. Ek **hou daarvan om** in die somer **te** swem en hulle **hou daarvan om te** speel.
14.	**We use die** with the following: (lidwoorde) 💡 in spring - in **die** lente in summer - in **die** somer in autumn - in **die** lente in winter - in **die** winter in future - in **die** toekoms in trouble - in **die** moeilikheid in debt - in **die** skuld in heaven - in **die** hemel in church - in **die** kerk in practice - in **die** praktyk at school - by **die** skool most people - **die** meeste mense death - **die** dood life - **die** lewe love - **die** liefde
15.	During the holiday**s** - gedurende die vakans**ie**. ~~(vakansies)~~ 💡
16.	Take note of the following when writing the **date (datum)** - Ons vertrek op **24 Junie 2014**. (no 'die' or 'ste') 💡
17.	I want **to be** a journalist/teacher. - Ek wil 'n joernalis/onderwyser **word**.
18.	**I am cold**. - Ek **kry** koud.
19.	I **was** born in 1986. - Ek **is** in 1986 gebore.
20.	I obtained good **marks**. - Ek het goeie **punte** behaal.
21.	Have you **marked** our tests? - Het jy ons toetse **nagesien**?

C. PASOP VIR HIERDIE SPELWOORDE

~~onmidellik~~   ~~onmiddelik~~   onmiddellik 💡

baie	moeilik	tuis bly
begraafplaas	onmiddellik	tweede
beste	paadjie	veearts
gedurende	pasop (vir die slang)	verjaardag/verjaarsdag
geëet	passasier	vier (four)
geïnteresseerd	restaurant	veertien (fourteen)
goeie	skool toe	veertig (forty)
huis toe	Suid-Afrika	verrassing
interesseer	te veel	wêreld
langs	toemaar	
meisieskool	tot siens	

SUIWER AFRIKAANS - 'CORRECT' AFRIKAANS

Many of these phrases are also found in the 'Kommunikasie' and 'Algemene Foute' Sections.

as soon as possible - **so gou moontlik**
book your seats - **bespreek jou sitplekke**
come and see me - **kom spreek my**
come in - **kom binne**
do you have a spare tyre? - **het jy 'n noodwiel?**
draw a line - **trek 'n streep**
Father reads the newspaper - **Pa lees die koerant**
for this reason - **om hierdie rede**
he and I are friends - **ek en hy is vriende**
he caught a bus - **hy het 'n bus gehaal**
he caught a cold - **hy het 'n verkoue gekry**
he did me a favour - **hy het my 'n guns bewys**
he got there in time - **hy was betyds daar**
he grew up here - **hy het hier grootgeword**
he grows vegetables - **hy kweek groente**
he makes a speech - **hy lewer 'n toespraak**
he wears glasses - **hy dra 'n bril**
he wears trousers - **hy dra 'n broek**
his money is finished - **sy geld is gedaan / op**
I am sorry - **dit spyt my**
I drove our car - **ek het ons motor bestuur**
I got high marks - **ek het hoë punte behaal**
I like ice-cream - **ek hou van roomys**
I made a mistake - **ek het 'n fout begaan**
I saw the doctor - **ek het die dokter geraadpleeg**
I stayed after school - **ek het na skool gebly**
I went shopping - **ek het inkopies gedoen**
in most cases - **in die meeste gevalle / meestal**
in my opinion - **na my mening**
in my spare time - **in my vrye tyd**
in other words - **met ander woorde**
is your brother in? - **is jou broer tuis?**
it turned out well - **dit het goed afgeloop**
it was a difficult paper - **dit was 'n moeilike vraestel**
it won't take long - **dit sal nie lank duur nie**
look after the child - **pas die kind op**
make your bed - **maak jou bed op**
most people - **die meeste mense**
my watch is fast - **my horlosie is voor**

my watch is slow - **my horlosie is agter**
now and then - **af en toe**
pass or fail an exam - **'n eksamen slaag of druip**
put off the light - **skakel die lig af**
put on the light - **skakel die lig aan**
put on your clothes - **trek jou klere aan**
quench your thirst - **jou dors les**
school breaks up on Friday - **skool sluit Vrydag**
she caught measles - **sy het masels opgedoen**
she got a big fright - **sy het groot geskrik**
she left school last year - **sy het verlede jaar die skool verlaat**
she let out the secret - **sy het die geheim verklap**
stop it! - **hou op!**
take off your hat - **haal jou hoed af**
the bell has gone - **die klokkie het gelui**
the holidays are over - **die vakansie is verby**
the other day - **nou die dag**
they were kept in - **hulle is na skool gehou**
this is my time-table - **dis my rooster**
to commit a crime - **'n misdaad pleeg**
to make a plan - **'n plan beraam**
to this day - **tot vandag toe**
to write an exam - **'n eksamen aflê**
you had better go - **jy moet liewer gaan**
you and I - **ek en jy**
wait a minute - **wag 'n oomblik / bietjie**
we go on holiday - **ons gaan met vakansie**
we sit at the table - **ons sit aan tafel**
we stood in a queue - **ons het tougestaan**
what do you mean? - **wat bedoel jy?**
what does this mean? - **wat beteken dit?**
what is the date? - **die hoeveelste is dit vandag?**
what is the price? - **hoeveel kos dit?**
what is the time? - **hoe laat is dit?**
what is your age? - **hoe oud is jy?**
what's the matter? - **wat makeer?**
where are you going? - **waarheen gaan jy?**

HOW TESTED: They may give you a sentence containing a direct English translation and ask you to correct it e.g. **come in** = ~~kom in~~ **kom binne**

WOORDSOORTE - PARTS OF SPEECH
AN OVERVIEW OF 'TAAL'

NOUNS (Naming Words)

Common Noun	evening, student
Proper Noun	John, Cape Town
Abstract Noun	hatred, love
Collective Noun	a *class* of pupils

DIE SELFSTANDIGE NAAMWOORD (s.nw)

Soortnaam	aand, student
Eienaam	Johan, Kaapstad
Abstrakte s.nw	haat, liefde
Versamelnaam	'n *klas* leerlinge
Stofnaam	goud, platinum
Maatnaam	'n *beker* melk

PRONOUNS

Personal	*She, they, I* work in the restaurant.
Relative	My aunt, *who* bakes cakes, earns money.
Possessive	This pen is *mine*. Did you lose *your* pen?
Interrogative	*Who* knows where he lives?
Demonstrative	*This* sandwich looks tasty.
Indefinite	*One* knows that *some* go to sleep early.
Reflexive	He behaves *himself* well.
Impersonal	*It* rains and hail is predicted.

DIE VOORNAAMWOORD (vnw.)

Persoonlik	*Sy / hulle / ek* werk in die restaurant.
Betreklik	My tante *wat* koek bak, verdien geld.
Besitlik	Die pen is *myne*. Het jy *jou* pen verloor?
Vraend	*Wie* weet waar hy woon?
Aanwysend	*Hierdie* toebroodjie lyk smaaklik.
Onbepaald	*'n Mens* weet dat *sommiges* graag vroeg gaan slaap.
Wederkerend	Hy gedra *hom* goed.
Onpersoonlik	*Dit* reën en *daar* word hael voorspel.

ADJECTIVES (Describing Words)

Attributive	It's a *long* road.
Predicative	The road is *long*.
Literal	He is *poor*.
Figurative	The *poor* man is in pain.
Degrees of Comparison	big - bigger - biggest
Intensive Form	ice-cold, pitch-black

DIE BYVOEGLIKE NAAMWOORD (b.nw)

Attributief	Dis 'n *lang* pad.
Predikatief	Die pad is lank.
Letterlik	Hy is *arm*.
Figuurlik	Die *arme* man is in pyn.
Trappe van Vergelyking	groot - groter - grootste
Intensiewe Vorme	yskoud, pikswart

VERBS (Doing Words)

Regular verbs	Today I *play*, yesterday I *played*.
Irregular verbs	Today I *sing*, yesterday I *sang*.
Transitive verbs	I *eat* an apple.
Intransitive verbs	I *eat* at night.
Infinitive	He plans *to study* Law.
Helping verb	You *must* help me otherwise I *will* fail.
Participles	**Present:** The *running* water is clean. **Past:** The *frozen* meat will keep for many months.

DIE WERKWOORD (ww.)

Selfstandig	sing, werk
Oorganklik	Ek *eet* 'n appel.
Onoorganklik	Ek *eet* saans.
Infinitief	Hy beplan om Regte *te studeer*
Hulpwerkwoord	Jy *moet* my help, anders *sal* ek druip.
Deelwoorde	**Teenwoordig:** Die *lopende* water is skoon. **Verlede:** Die *bevrore* vleis sal baie maande lank hou.
Skeibaar	Sy *tel* haar tas *op* en *haal* haar boek *uit*.
Onskeibaar	Ek *voorspel* jy sal wen.

ADVERBS

Time	I fell *yesterday* and I will be treated *shortly*.
Manner	Grandmother stands up *carefully* and walks *slowly*.
Place	She sits *outside* in the sun.
Degree	He is *very* upset.

DIE BYWOORD (bw.)

Tyd	Ek het *gister* geval en ek sal *netnou* behandel word.
Wyse	Ouma staan *versigtig* op en loop *stadig*.
Plek	Sy sit *buite* in die son.
Graad	Hy is *erg* ontsteld.

ARTICLES

Definite (the) — He brushed *the* dog.
Indefinite (a, an) — I want to buy *a* new cellphone.

DIE LIDWOORD (lw.)

Bepaalde (die) — Hy het *die* hond geborsel.
Onbepaalde ('n) — Ek wil *'n* nuwe selfoon koop.

CONJUNCTIONS (Joining words)

I like to eat fish *and* chips.
They played soccer *although* it was raining.
Although it was raining they played soccer.
The boy *whose* case was lost could not complete his homework. **(The relative pronoun (whose) acts as a conjunction)**

DIE VOEGWOORD (vw.)

You need to know your groups!

Groep 1	Sy staan, *want* haar knie is seer.
Groep 2	Ek is honger; *dus* eet ek 'n toebroodjie.
Groep 3	Hy hardloop weg *omdat* hy die venster gebreek het.

PREPOSITIONS

He stands *to* attention and looks *at* the flag.

DIE VOORSETSEL (vs.)

Hy staan *op* aandag en kyk *na* die vlag.

INTERJECTIONS

Hey!   Oh!   Wow!

TUSSENWERPSELS (tw.)

Haai!   Ai!   Sjoe!

This table ties up the 'Taal' section and puts the rules into context.

This is a great overview of the 'Taal' Section.

BEGRIPSTOETS - COMPREHENSION SKILLS
SUMMARY OF CONTENTS

1 BEGRIPSVAARDIGHEDE - COMPREHENSION SKILLS **61-65**
    A. Guidelines to assist you in reading for meaning **61**
    B. Answering Techniques - Beantwoordingstegnieke **62**
    C. Types Of Questions - Vraagtipes **62**
    D. Other Questioning Techniques - Ander Vraagtipes **63**
    E. Question Words - Vraagwoorde **64**
    F. Instruction Words - Bevelwoorde **64**
    G. Summaries - Opsommings **65**

2 LEESVAARDIGHEID - READING SKILLS **66**

3 LUISTERBEGRIP - LISTENING SKILLS **67**

4 TEKENPRENTE - CARTOONS **68**

> The Afrikaans terminology has been included (in red) where necessary or useful.

BEGRIPSVAARDIGHEDE - COMPREHENSION SKILLS

We use the same comprehension skills in Afrikaans as we do in English.

> **HOW 'BEGRIP' IS TESTED**
> **The reading passages are selected with a view to testing your skill in reading for:**
> a. pleasure and personal interests (**plesier en persoonlike belangstelling**)
> b. knowledge of useful information (**nuttige inligting**) such as:
> - contents tables (**inhoudsopgawes**)
> - dictionaries and reference books (**woordeboeke en naslaanboeke**)
> - telephone directories (**telefoongidse**)
> - instructions (**opdragte**)
> - indicators (**aanwysings**)
> - comic strips (**strokiesprente**)

A. GUIDELINES TO ASSIST YOU IN READING FOR MEANING:

1. READ THROUGH THE PASSAGE QUICKLY - LEES GOU DEUR DIE LEESSTUK
- Get an overview or a general picture of the passage.
- Try to **visualise** what you are reading. This helps you to **focus** and **read for meaning.**

2. TAKE NOTE: - LET GOED OP NA:
- **The title (titel)** may offer a clue to the **contents (inhoud)** and the **intention (bedoeling)** of the passage.
- **The author (skrywer)** may help you to identify the **era (tydperk)**, **style (styl)** and often the **subject (onderwerp)**.
- **The conclusion** usually ties up the **intention (bedoeling)** of the author.

3. YOU SHOULD ASK THESE QUESTIONS:

Wie	Who	is the **writer (skrywer)**? Who are the **characters (karakters)**?
Wat	What	is the **main idea (hoofidee)** of the passage?
Waar	Where	does it take place? (**setting**) (**agtergrond**)
Wanneer	When	does it take place? (**setting - time, date, era**) (**tyd, datum, era**)
Hoekom	Why	has this passage been written? What is the writer's **intention (bedoeling)**?
Hoe	How	does the writer express himself? What **language devices (taalgebruik)** are used?

4. READ THROUGH THE COMPREHENSION QUESTIONS (VRAE)
- When you do this, **bear the passage in mind**.
- This will give you **clues (leidrade)** leading to the answers in the passage.
- Many teachers and students prefer reading the questions **before** reading the passage.

5. READ THE PASSAGE AGAIN
- This time you should be aware of what has been asked.
- **Highlight** the **main idea (hoofidee)** in each paragraph - each paragraph presents a new idea.
- **The first sentence** is often the **key sentence (sleutelsin)**.
- **Words and ideas** that were at first confusing or difficult, may now become **clearer in context**.
- The more familiar you are with the passage, the easier it should become to interpret and understand what you are reading.

PRACTICAL ADVICE:
- Each question usually contains a **question word (vraagwoord)** - **underline** this.
- Each question usually contains a **key word (sleutelwoord) or key idea (sleutelsin)** - **underline** this.
- Try to **remember** whether you read this fact near the **beginning, middle** or **end** of the passage.
- Put your eyes into **'search mode'** and glance down the centre of the paragraph to find the sentence containing the **key word** or **key idea**.
  Read the **whole sentence** in order to obtain a **complete picture.**
- **Do not copy** directly from the text but **refer to** it in order to **avoid careless factual or spelling mistakes**. (This applies particularly to names, places, dates or other relevant information.)

B. ANSWERING TECHNIQUES - BEANTWOORDINGSTEGNIEKE:

IT IS IMPORTANT TO INTERPRET AND FOLLOW THE INSTRUCTIONS EXACTLY AS THEY ARE GIVEN.
- Does the answer need a **full sentence (volsin)**, a **word (woord)** or a **phrase (frase)**?
- **Avoid starting sentences with conjunctions (voegwoorde)** such as **want, omdat, en, maar** and **dus**.
- The **mark allocation** is usually an indication of the number of **points (feite)** needed.
- Your **numbering** must **correspond** to the numbering of the questions - if they number it **(a)**, you must not number it **(1)**.
- Each answer must be written on a **new line (nuwe reël)**. Some teachers prefer you to **number** your question in the **centre of the page** and to **leave a line** after each answer.
- When **quoting** from the text, enclose the quote with **inverted commas**.
- **Edit** your work to check that you have answered correctly. **Spelling** and **language errors** result in an unnecessary loss of marks.
- **Write clearly and neatly (skryf duidelik en netjies)** to **avoid** possible **discrepancies**.

C. TYPES OF QUESTIONS - VRAAGTIPES

1. **CONTEXTUAL/FACTUAL QUESTIONS - INHOUDELIKE/FEITELIKE VRAE**
   These test the story line.
   - The **answers** are always **in the passage**.
     bv. Gee die name van die hoofkarakters.

2. **INTERPRETATIVE/INFERENTIAL QUESTIONS - INTERPRETERENDE/AFLEIBARE VRAE**
   These test your ability to understand beyond the written word.
   - You will have to **delve deeper** into the content and **decide** what is being **inferred** without being openly stated.
   - The writer's *attitude, style and tone* often provide **clues.**

3. **LANGUAGE USAGE QUESTIONS - TAALGEBRUIKSVRAE**
   These include vocabulary, grammar, punctuation and figurative language.
   - The questions are usually asked **in context**.

D. OTHER QUESTIONING TECHNIQUES - ANDER VRAAGTIPES

1. **THE 'CLOZE' PROCEDURE - DIE 'CLOZE' TEGNIEK**
   You are given a sentence or passage with missing words, which you then have to supply.
   By inserting the correct word, you are proving that you understand the passage.

   bv. Vul slegs die korrekte ontbrekende woord in die oop spasie in.

   - The missing words are apparent only from the **context**.
   - You will have to read the **whole passage** or most of the passage before you can safely insert these missing words.
   - After you have inserted the word, re-read the sentence to **check** that it makes sense.

2. **MATCHING COLUMNS - PASSENDE KOLOMME**
   You will be supplied with two columns and will have to match Column A with Column B.
   This exercise is often complicated because the given statements are purposely close in meaning.

   bv. Pas die woorde in Kolom B by die woorde in Kolom A.

   - Check that you follow the **numbering instructions** carefully, as these may be **confusing**.

3. **TRUE OR FALSE - WAAR OF ONWAAR**
   You will be supplied with a statement and be asked whether this is TRUE or FALSE.
   Analyse each word of the statement, as 'True and False Statements' may be misleading.

   bv. Sê of die volgende stelling WAAR of ONWAAR is.

   - You may be asked to **motivate (motiveer)** your answer from the text.
   - Be aware of words such as **everyone (almal)**, **no-one (niemand)**, **always (altyd)** and **never (nooit)**, as they modify the meanings of their sentences.

4. **MULTIPLE CHOICE - VEELVULDIGE KEUSE**
   Based on the passage, you will be given a question or a statement which will have a number of possible answers.
   These answers are usually close in meaning and need to be carefully analysed.

   bv. Kies die korrekte antwoord. Skryf slegs die letter en die nommer neer.

   - This section is often used to test **vocabulary**, **synonyms** and **antonyms**.
   - Take careful note of the **answering requirements** e.g. **circle (omkring)**, **underline (onderstreep)** or **tick (regmerkie)**.

5. **SEQUENCING OF PARAGRAPHS, SENTENCES OR PICTURES - KORREKTE VOLGORDE**
   You may be presented with a number of sentences or a group of pictures which are out of sequence.
   Your ability to sequence will indicate your level of understanding.

   - When correctly sequenced, a logical story will develop.

6. **PICTURE OBSERVATION - PRENTBEGRIP**
   You will be given a picture (prent) or a cartoon (strokiesprent) and may be asked to:

   - Describe the **characters (karakters)** in terms of **gender (geslag)**, **age (ouderdom)**, **facial expressions (gesigsuitdrukkings)**, **body language (lyftaal)** and **dress (kleredrag)**.
   - Analyse the **actions (optrede)**. What is happening in the picture?
   - Supply **dialogue (dialoog)**. Ensure that it fits the theme of the picture.
   - State what you think happened **before or after the picture**.

E. QUESTION WORDS - VRAAGWOORDE

A *verb* usually follows the question word.

English	Afrikaans	Example
who	**wie**	**Wie** het dit gedoen?
whose	**wie se**	**Wie se** boek is dit?
what	**wat**	**Wat** is in jou handsak?
what (+ something)	**watter** (boek, huis ens.)	**Watter** boek gebruik jy?
at what	**waarna**	**Waarna** sit jy en kyk?
with what	**waarmee**	**Waarmee** skryf jy?
in what	**waarin**	**Waarin** hou jy jou skryfbehoeftes?
of what	**waarvan**	**Waarvan** is die tert gemaak?
on what	**waarop**	**Waarop** slaap jy?
out of what	**waaruit**	**Waaruit** drink die baba?
what time	**hoe laat**	**Hoe laat** begin die konsert?
when	**wanneer**	**Wanneer** sal jy tuis wees?
where	**waar**	**Waar** is my sleutels?
where from	**waarvandaan**	**Waarvandaan** kom daardie familie?
where to	**waarheen**	**Waarheen** gaan jy vir die vakansie?
where to	**waarnatoe**	**Waarnatoe** het jy gister gegaan?
why	**hoekom**	**Hoekom** het jy die geld gesteel?
why	**waarom**	**Waarom** is jy so laat?
how	**hoe**	**Hoe** het jy die som gedoen?
how many	**hoeveel**	**Hoeveel** kinders is in jou klas?
did	**het**	**Het** jy my brief ontvang?
do you have	**het jy**	**Het** jy posseëls?

See also Literary Questions pg. 90

F. INSTRUCTION WORDS - BEVELWOORDE

English	Afrikaans	Example
answer	**beantwoord**	**Beantwoord** die vraag ...
choose	**kies**	**Kies** die regte antwoord ...
compare	**vergelyk**	**Vergelyk** die twee vrouens met mekaar ...
complete	**voltooi**	**Voltooi** die volgende sin ...
describe	**beskryf**	**Beskryf** die meisie se rok.
explain	**verduidelik**	**Verduidelik** waarom ...
identify	**identifiseer**	**Identifiseer** die hoofgedagte ...
illustrate	**illustreer**	**Illustreer** jou antwoord met ...
inform	**lig in**	**Lig in** waar die verskil is ...
join	**verbind**	**Verbind** die twee sinne ...
name	**benoem**	**Benoem** die verskillende groepe ...
tell about	**vertel van**	**Vertel** van jou vakansie ...
underline	**onderstreep**	**Onderstreep** die korrekte antwoord
why do you think	**waarom dink jy**	**Waarom** dink jy dat ...

Answer in a full sentence	**Beantwoord in 'n volsin**
Circle/underline/tick/cross	**Omkring/onderstreep/regmerkie/kruisie**
Give a quote	**Gee 'n aanhaling**
Read through carefully	**Lees noukeurig deur**
Write in your own words	**Skryf in jou eie woorde**
Write only the answer	**Skryf net/telkens die antwoord neer**
Write TRUE or FALSE	**Skryf WAAR of ONWAAR**

It is important that you know these words in order to answer questions, do comprehensions and follow instructions accurately.

G. SUMMARIES - OPSOMMINGS

A summary tests your comprehension and language skills.

A summary is a simplified, condensed account, making use of only the main points (hoofgedagtes). You will be required to reduce a given extract to a certain number of words.

- Only the **main points** are required.
- **Eliminate** unnecessary information such as **repetition (herhaling)**, **explanations (verduidelikings)**, **descriptions (beskrywings)** and **quotations (aanhalings)**.
- By using your **own words,** you will prove that you understand the passage.
- This is a reported statement and is therefore written in **the past tense (verlede tyd)** and in **reported speech (indirekte rede).**

TECHNIQUES FOR SUMMARISING:

- Read the **instructions (instruksies)** carefully to ensure that you know exactly what is required. This may include: number of words **(aantal woorde)**, number of paragraphs **(aantal paragrawe)**, point or paragraph form **(punt of paragraaf vorm)** and title **(titel)**.
- **Read (lees)** the passage carefully in order to gain a general **overview (oorsig)** of the content.
- **Reread (herlees)** the passage and underline the **key sentence (sleutelsin)** in each paragraph. This is often the first sentence of the paragraph and what follows merely substantiates it.
- List these **main points (hoofgedagtes)**. Keep the context intact but use your **own words (eie woorde)**.
- Write the **first draft** of the summary by combining these ideas in a **logical sequence (logiese volgorde)**.
- **Reread** the draft and **remove** any unnecessary words or information.
- **Count (tel)** the words. **Add** or **omit** words or phrases in order to meet the requirements. (The words 'n and die don't count.)
- **Edit (redigeer)** your summary for spelling or grammatical errors.
- **Rewrite (herskryf)** your final draft carefully, checking that you have used your own words.
- State the **number of words (aantal woorde)** in a bracket just below your summary.
- The **heading (opskrif)** is excluded from the word count.

HOW 'OPSOMMINGS' ARE TESTED
In addition to the formal summary, you may be asked to do a less formal type of summary such as:
- a dialogue **(dialoog)**
- a list **(lys)**
- sentences in point form **(sinne in puntvorm)**
- a question and answer format **(vraag en antwoord)**
- a paragraph **(paragraaf)**

LEESVAARDIGHEID - READING SKILLS

1. **Students should be able to read and understand the following texts:**
   - prescribed literary texts **(voorgeskrewe tekste)**
   - additional reading material **(aanvullende leesstukke)**
   - newspapers, magazines **(koerante, tydskrifte)**
   - advertisements **(advertensies)**
   - brochures, pamphlets **(brosjures, pamflette)**
   - posters **(plakkate)**
   - labels of products **(etikette)**
   - timetables **(roosters)**
   - notices **(kennisgewings)**

2. **By using various reading techniques students are able to:**
   - skim through a text for comprehension **(vluglees vir begrip)**
   - skim through an article and make a summary **(vluglees en opsom)**
   - search for specific information **(soeklees vir spesifieke inligting)**
   ask questions during the reading of the text **(lees en vrae vra)**

3. **Students are able to increase their knowledge and understanding by:**
   - reading, understanding and enjoying various genres of writing **(verskillende genres lees, verstaan en geniet)**
   - writing a report on what they have read **(verslae doen van geleesde tekste)**
   - reading for information as well as for pleasure **(lees vir inligting en ontspanning)**

4. **Students are able to understand what they are reading as regards:**
   - being able to work out the meaning of unknown words from the context **(gebruik van kontekstuele leidrade)**
   - understanding the relationship between words, phrases and sentences **(verhouding tussen woorde, frases en sinne)**
   - being able to arrive at conclusions and deductions **(afleidings en gevolgtrekkings)**

5. **They are able to recognise how ideas develop and are ordered by:**
   - identifying the main points **(hoofpunte identifiseer)**
   - identifying examples and descriptions **(voorbeelde en beskrywings identifiseer)**
   - distinguishing chronological order, causes and results **(chronologiese volgorde, oorsake en gevolge te onderskei)**

6. **They are able to read with the purpose of extracting information and ideas by:**
   - making notes and summaries **(aantekeninge en opsommings maak)**
   - giving an oral account of what they have read **(praat oor geleesde teks)**

7. **They are able to read and understand instructions by:**
   - following a recipe **(resep volg)**
   - following geographical directions **(rigtingaanwysings volg)**
   - being able to discriminate between words such as explain, identify, choose and describe **(bevelwoorde verstaan)**

© Berlut Books

8. They are able to appreciate different forms of literature such as poems, plays, fiction and short stories by identifying:
   - the broad content or storyline (breë inhoud)
   - the main theme and sub-themes (hooftema en ondertemas)
   - the characters and relationships (karakters en verhoudings)
   - causes and results (oorsake en gevolge)
   - plot (intrige/knoop)

9. They are able to use Dictionaries effectively by:
   - knowledge and use of alphabetical order (alfabetiese volgorde)
   - ability to find the headwords (first and last words on a page) (trefwoorde)
   - ability to extract the correct spelling, meaning, pronounciation, word usage, prefixes and suffixes (spelling, betekenis, uitspraak, gebruik, voor-en agtervoegsels)

10. They are able to use Reference Books quickly and accurately by:
    - using contents pages and indexes correctly (inhoudsbladsye en indekse)
    - using encyclopaedias, directories and atlases effectively (ensiklopidieë, gidse, atlasse)

> **READING TO IMPROVE YOUR AFRIKAANS**
> Irrespective of your age, you will benefit from reading 'Children's Books' such as 'Fairy Tales', the Ladybird or Disney Books. You know the stories in English and will therefore be able to understand and read with ease. From these stories you will pick up vocabulary, spelling, word fluency and an enjoyment of the Afrikaans language.

LUISTERBEGRIP - LISTENING SKILLS

The aim of developing listening skills is for the student to be able to:
- **enjoy (geniet)** listening to the story and to be able to give a short account of it
- **listen to and understand (luister en verstaan)** a variety of texts e.g. stories, lessons, discussions, news reports, weather reports, telephone conversations, radio broadcasts, interviews, announcements and dialogues
- **understand and react (luister en reageer)** by identifying the main points, purpose and specific
- **listen to and understand instructions (na instruksies luister en verstaan)** by identifying the key words, instructions and directions
- **summarise (opsom)** the information by writing down the main points or by putting the information directions into practice
- **interpret (interpreteer)** the purpose, emotion, attitude and information given by understanding the tone, intonation and posturing of the speaker
- **identify (identifiseer)** the correct register of the text as regards attitudes between speakers, situations and the different levels of language

> Try to develop your listening skills.

TEKENPRENTE - CARTOONS

This is a popular method of testing functional Afrikaans taal and begrip in context.

All cartoons are used with the permission of the Rapid Phase Group.

- The cartoon will generally deal with issues in a comical manner, but there are often far deeper underlying issues.

- It will highlight something that you are familiar with and can relate to, or may even be a political issue of the day.

- When the picture, words and context are brought together, you will understand the message that the cartoonist is trying to convey comically.

- The sentences are usually short in order to aid interpretation.

1. **THE AIM IS FOR YOU TO:**
   a. understand the cartoon in general
   b. interpret and enjoy the cartoon
   c. understand the use of the language
   d. understand the specific aim of the cartoon

2. **THE FOLLOWING GUIDELINES WILL HELP:**
   a. **Who** are the characters?
   b. **What** are they doing or saying?
   c. **Why** are they doing or saying that?
   d. **How** are they doing or saying that?

3. **USEFUL VOCABULARY:**

action(s)	- optrede(s)	idiomatic language	- idiomatiese taal
body language	- lyftaal	message	- boodskap
caption / headline	- opskrif	punctuation	- leestekens
caricature	- spotprent / karikatuur	satire	- satire
facial expressions	- gesigsuitdrukkings	slang	- gebruikstaal
font	- drukskrif	speech bubble	- spraakborrel
frames	- rame / raampies	stereotype	- stereotipes
humour	- humor		

© Berlut Books

SKRYFWERK - WRITING
SUMMARY OF CONTENTS

A   **PLANNING YOUR WRITING - BEPLANNING VAN SKRYFWERK** 70
1. Brainstorm - Dinkskrum
2. Mind Map® - Breinkaart
3. Paragraphs - Paragrawe

B   **PARAGRAPHS - PARAGRAWE** 70
1. Introduction - Inleiding
2. Body - Liggaam
3. Conclusion - Slotsom/Afleiding

C   **HINTS TO ENHANCE YOUR WRITING - WENKE OM SKRYFWERK TE VERRYK** 71

D   **WHAT TO AVOID - WAT VERMY MOET WORD** 71

E   **ESSAY WRITING - OPSTELSKRYF** 72-73
1. Personal Writing - Persoonlike Skryf
2. Narrative Writing - Verhalende Skryf
3. Descriptive Writing - Beskrywende Skryf
4. Persuasive Writing - Oorredende Skryf
5. Discursive or Expository Writing - Besprekende of Verduidelikende Skryf
6. Visual Stimuli - Visuele Stimuli

F   **TRANSACTIONAL WRITING - FUNKSIONELE SKRYF** 74-81
1. Friendly/Informal Letters - Vriendskaplike/Informele Briewe 74
2. Formal/Business Letters - Formele/Besigheidsbriewe 75
    The Envelope - Die Koevert 76
3. Postcards - Poskaarte 76
4. Diary Writing - Dagboekinskrywings 76
5. Invitations - Uitnodigings 77
6. Minutes of Meetings - Notule 77
7. Formal Reports - Formele Verslae 77
8. Newspaper Articles/Reports - Koerantartikels/Verslae 78
9. Magazine Articles/Reports - Tydskrifartikels/Verslae 78
10. Reviews - Verslae 78
11. Dialogues - Dialoë 79
12. Curriculum Vitae (CV) - Curriculum Vitae 79
13. Pamphlets - Pamflette 79
14. Advertising - Reklame 80
15. Electronic Communication - Elektroniese Kommunikasie 81
    a. E-mail - E-pos
    b. Fax - Faks
    c. SMS - SMS
    d. I.T Revolution - Inligtingstegnologie Revolusie

G   **IDEAS FOR TEACHERS - IDEES VIR ONDERWYSERS**
    ACTIVITIES FOR STUDENTS - AKTIWITEITE VIR STUDENTE 82-83
1. The School Newspaper - Die Skoolkoerant
2. The School Magazine - Die Skooltydskrif
3. Book Reviews - Boekverslae

The Afrikaans terminology has been included (in red) where necessary or useful.

SKRYFWERK - WRITING

The writing process is a vital aspect of your Afrikaans curriculum and a true test of your Afrikaans ability.

The aim of practising writing skills is to express yourself in a simple, accurate and interesting manner.
- Where called for, creativity and originality will enhance your writing.
- You will be assessed on your **content** (inhoud), **format** (formaat), **sentence structure** (sinstruktuur), **vocabulary** (woordeskat), **language** (taal), **punctuation** (leestekens) and **spelling** (spelling).

A. PLANNING YOUR WRITING - BEPLANNING VAN JOU SKRYFWERK:

Your planning is an essential part of your portfolio work.

1. **BRAINSTORM - DINKSKRUM**
   Brainstorm ideas on the topic. Jot down spontaneous ideas (gedagtes), using key words (sleutel woorde) and phrases (frases).
   - This will enable you to formulate a **Mind Map®**.

2. **MIND MAP® - BREINKAART** *See pg. 73*
   The Mind Map® may comprise/consist of headings, words, diagrams or pictures.
   It is a wonderful planning tool and aids you in the following ways:
   - It allows you to see if you have **enough ideas**. If not, change your topic at this early stage.
   - It **focuses** your thoughts and ideas.
   - It **orders** your thoughts logically and sequentially.

3. **PARAGRAPHS - PARAGRAWE**
   - Each **main idea** or **key word** from the Mind Map® can be written as a separate paragraph.
   - The main idea usually forms the topic or **first sentence** of each paragraph. The rest of the paragraph expands on this idea.

B. THE USE OF PARAGRAPHS TO STRUCTURE AND DEVELOP YOUR WRITING - GEBRUIK VAN PARAGRAWE OM SKRYFWERK SAAM TE STEL EN TE ONTWIKKEL:

The separation of work into paragraphs results in clear, expressive communication.

1. **THE INTRODUCTION - DIE INLEIDING**
   The first paragraph is the **Introduction**, which introduces the topic (onderwerp) and sets the scene (toneel).
   - It should be **short**, **gripping** and **inviting**.
   - The Introduction 'tunes' you into the mood or tone of what is to follow.

2. **THE BODY - DIE LIGGAAM**
   The introduction is followed by several paragraphs, which form the **Body** of the essay and explore the topic.
   - Each paragraph usually deals with a different aspect of the topic.

3. **THE CONCLUSION - DIE SLOTSOM/SAMEVATTING**
   The last paragraph is the **Conclusion** which ties up the loose ends.
   - It usually expresses your **feelings** (gevoelens) about the topic.
   - The reader should sense **finality** (finaliteit).
   - If possible, the last sentence should be **strong** and should **linger** in the mind of the reader.

> We may compare each paragraph to a course on a Restaurant Menu **(Spyskaart)**.
> - We cannot put the hors d'oeuvres, the main course and the dessert on one plate.
> - Each course (paragraph) has its own purpose, its own identity, and its own taste.
> - Each has to be savoured separately in order to have the desired overall effect.

C. HINTS TO ENHANCE YOUR WRITING - WENKE VIR DIE VERRYKING VAN JOU SKRYFWERK:

1. Read through the topics carefully.
2. Write what you know about.
   - **Dismiss** any topics you do not like, do not understand, or to which you cannot relate.
   - You must have **adequate vocabulary (woordeskat)** for the topic you choose.
   - Be careful that you do not write **off the topic** - you will be heavily penalised for this.
   - Avoid the topic if you are unsure of the **format** e.g. dialogues, diary entries or reports.
   - Choose an essay that suits your **personality (persoonlikheid)** and **ability (vermoë)**.
3. Write in full sentences **(volsinne)**.
4. Vary paragraph and sentence lengths.
5. Vary your sentence constructions. (Remember to use the STOMPI format pg. 18)
6. Decide on the most suitable tense for your topic.
7. Direct speech **(direkte rede)** and dialogue **(dialoog)** should be used with discrimination.

> Always do your best and strive to improve your Afrikaans. However, you may benefit from writing simple, correct Afrikaans rather than trying to express yourself as you would in English.
> **K**eep **I**t **S**traight and **S**imple - **KISS**

D. TRY TO AVOID - PROBEER DIT VERMY:

1. **THE REPETITION OF WORDS AT THE BEGINNING OF SENTENCES**
   Ek is winkelsentrum toe. **Ek** het my vriende ontmoet. **Ek** het saam met hulle inkopies gedoen. ✗
   Ek is winkelsentrum toe om my vriende te ontmoet. Om saam inkopies te doen, was prettig. ✓

2. **A REPETITIVE SENTENCE STRUCTURE**
   Vary the length and construction of your sentences.
   Ons het met vakansie gegaan. **Ons het** in 'n vyfster hotel tuisgegaan. **Ons het** alles ten volle geniet. ✗
   Ons het met vakansie gegaan. **Omdat ons** in 'n vyfster hotel tuisgegaan het, **het ons** alles ten volle geniet. ✓

3. **OVERUSE OF ADJECTIVES AND ADVERBS (BYVOEGLIKE NAAMWOORDE EN BYWOORDE)**
   Sy is **heeltemal**, **uiters** en **volkome** oorweldig deur hul vrygewigheid. ✗
   Sy is **heeltemal** oorweldig deur hul vrygewigheid. ✓

4. **OVERUSED WORDS** (see Sinonieme pg. 46)
   Try to give alternatives for: **baie, dinge, goed, groot, klein, het gekry, kry, lekker, sleg**.

5. **SLANG USAGE**
   Avoid slang unless you are using it in direct speech to make a point.
   Mag my **pêls** in die **cottage** kom kuier? ✗

> ### EXAMINATION TIPS - EKSAMENWENKE
> Avoid prepared topics as these are easily recognisable and you may be heavily penalised.
> Adhere to the given instructions and specifications:
> - length of essay e.g. 200 words **(200 woorde)**
> - time allocation e.g. 1 hour **(een uur)**
> - any other special instructions e.g. start on a new page **(begin op 'n nuwe bladsy)**

OPSTELSKRYF - ESSAY WRITING

You should be familiar with the requirements of the following types of essays.

> You will be required to write a long essay of about 250 to 300 words.

1. **PERSONAL WRITING - PERSOONLIKE SKRYF**
   Personal writing reflects reality.
   - It is a **sharing** of your thoughts **(gedagtes/opinies)**, ideas **(idees)**, feelings **(gevoelens)** or experiences **(ervarings)**.
   - It is usually written in the **first** person ('I') ('ek').
   - In order to convey **sincerity (opregtigheid)**, the essay should be written from **personal experience (persoonlike ervaring)**.
   - This personal experience could, in fact, be knowledge of the experience which you have gained *second hand* e.g. how your parents met, or experiences you have read about.

2. **NARRATIVE WRITING - VERHALENDE SKRYF**
   A narrative tells a story or gives an account of events (gebeure) or incidents (voorvalle).
   - As a result, we usually narrate in **the past tense (die verlede tyd)**.
   - Your Mind Map® **(breinkaart)** is essential to ensure a **logical progression** of thoughts and actions. This is your **plot (knoop)** or **story-line (storielyn)**.
   - Your story should consist of a **gripping introduction (boeiende inleiding)**, a **development (ontwikkeling)**, a **climax (hoogtepunt)** and sometimes a **conclusion (gevolgtrekking)**.
   - **Characters (karakters)** should be limited in number and thoughtfully described so that the reader can identify and relate to them.
   - **Dialogue (dialoog)** is often used for effect, but it should be used sparingly.

3. **DESCRIPTIVE WRITING - BESKRYWENDE SKRYF**
   You may be required to describe people (mense), places (plekke), situations (situasies), processes (prosesse) or even feelings (gevoelens).
   - This type of essay relies on **detail (besonderhede)** and needs excellent **vocabulary (woordeskat)**, **descriptive powers** and **creativity (kreatiwiteit)**.
   - Your writing should paint the desired picture.
   - The **present tense (teenwoordige tyd)** is often used to create a feeling of immediacy.
   - **Adjectives (byvoeglike naamwoorde)** and **adverbs (bywoorde)** should be used creatively, but sparingly and appropriately.
   - Avoid using the same words at the beginnings of sentences as this causes monotony.

4. **PERSUASIVE WRITING - OORREDENDE SKRYF**
   You have a belief or an opinion and it is your aim to influence and sway others.
   e.g. You may be given a topic such as, '*Sakgeld leer jou onafhanklik wees*'.
   - Your **Mind Map® (breinkaart)** will ensure that you structure your argument **logically**.
   - Each aspect of your argument should form a new paragraph.
   - The **introduction (inleiding)** is vital because it must **capture** the attention of your reader or audience.
   - A **strong opening** would be a question, a proposal or a 'shocking statement'
     e.g. '*Ons weet almal geld groei aan bossies!*'.
   - It is essential that you **support** your viewpoint with examples and/or facts.
   - Your **conclusion (slot)** should tie up and **summarise (opsom)** what you have said.
   - Your conclusion should be short, strong and memorable
     e.g. '*Versigtige hantering van jou geld vandag verseker beter begroting in die toekoms*'.

5. **DISCURSIVE OR EXPOSITORY WRITING - BESPREKENDE OF VERDUIDELIKENDE SKRYF**
   This is almost a written debate as both sides of the argument are presented.
   - An example of an essay that could be 'debated' is, *'Formal examinations are necessary.'*
   - It provides a challenging vehicle (middel) for expressing yourself in an informative and interesting manner.
   - Your Mind Map® will once again ensure careful and logical planning (logiese beplanning).
   - You need to have knowledge (kennis) and opinions (opinies) on the topic.

6. **WRITING BASED ON VISUAL STIMULI - VISUELE STIMULI**
   Visual stimuli may include pictures (prente), photographs (foto's), advertisements (advertensies), bill-boards (reklameborde), quotations (aanhalings), slogans (slagspreuke) or poems (gedigte).
   - The stimulus may spark an **idea** (gedagte) that you wish to pursue.
   - A **clever title** is the key to linking the stimulus with your content.
   - Your content must be **relevant** to the stimulus and the title.

> For a Second Language especially, this is an opportunity to use your preferred topics or vocabulary. However, be warned that pre-prepared essays can be recognised and you will be severely penalised.

THE FOLLOWING DIAGRAMS MAY HELP YOU TO PLAN YOUR WRITING (BEPLANNING):

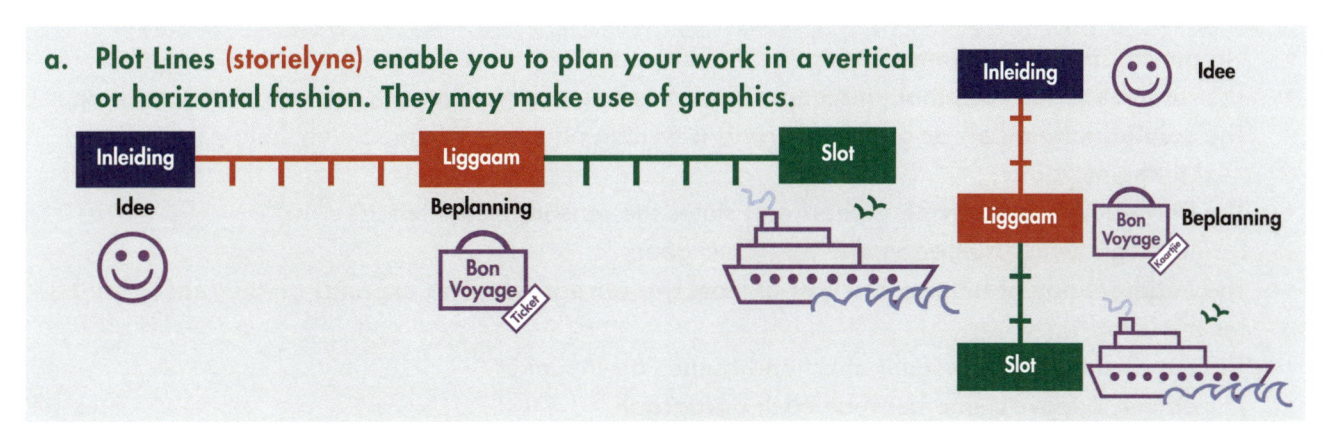

a. **Plot Lines** (storielyne) enable you to plan your work in a vertical or horizontal fashion. They may make use of graphics.

b. **A Flow Chart** (stroomplan) is a diagram showing the different stages of a complex activity.
   - It enables you to **structure** your work correctly, follow a **chronological** order and include all necessary elements.
   - It encourages **lateral thinking**.

c. **A Mind Map®** (breinkaart) is made up of headings, words, diagrams or pictures. It is a wonderful planning tool and aids you in the following ways:
   - It allows you to see if you have **enough ideas**. If not, change your topic at this early stage.
   - It **focuses** your thoughts and ideas.
   - It **orders** your thoughts logically and sequentially.

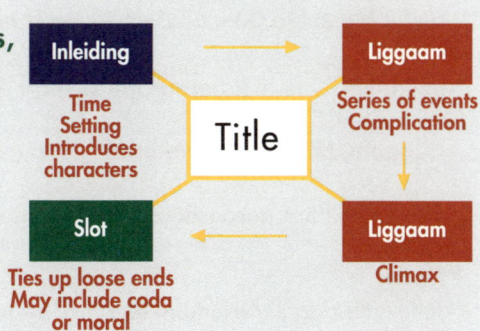

FUNKSIONELE SKRYFWERK
TRANSACTIONAL WRITING

Transactional writing has a practical, communicative purpose, as opposed to writing that is purely creative.

> You will be required to write two extracts of about 120 to 150 words on work covered in this section. These requirements may differ according to your grade and type of exam.

- Each type of writing has its own **format (formaat)** and follows a specific set of **rules (reëls)**.
- A portion of the **marks (punte)** is allocated for correct **format** and **procedure (proses)**.

1. FRIENDLY OR INFORMAL LETTERS - VRIENDSKAPLIKE OF INFORMELE BRIEWE

The informal letter provides you with the vehicle to inform (inlig), invite (uitnooi), congratulate (gelukwens) or offer condolences (simpatiseer).

- The tone is **conversational (gesellig)**, **friendly (vriendelik)**, **informal (informeel)** and **sincere (opreg)**.
- **Contractions (verkortings)** e.g. *Ek't* and *hy's* are permitted as they enhance the naturalness of the situation.

FEATURES OF THE INFORMAL LETTER:

- The **sender's address (afsenderadres)** is written in the middle right-hand side of the page and is followed by the **date (datum)**.
- No **punctuation (leestekens)** is used for the address.
- The **address of the recipient (ontvanger)** is not written on the letter; it is written on the envelope.
- The **salutation (aanhef)** or **greeting (groet)** is written on the line immediately below the date, next to the margin.
- The **introductory paragraph** is short and states the reason for the letter.
  Do not begin with *"Hoe gaan dit?"* or *"Ek is goed."*
- The **middle/body of letter** consists of at least two paragraphs and expands on the **reason (rede)** for the letter.
- The **conclusion (slot)** is usually short and rounds off the letter.
- Remember to leave a **line** between each paragraph.
- The **ending (einde)** may take several forms depending on your relationship with the recipient.

VRIENDSKAPLIKE BRIEF

Woodmead Mews 5   (Take note of where the
Youngweg 26   numbers are written!)
Saxonwold
Johannesburg
2196
Suid-Afrika   (if writing to someone in a different country)
31 Januarie 2017

Liewe Ma en Pa/Mnr Jooste/ Oupa **(Aanhef)**
x x x x x x

Inleiding - The first paragraph is short and states the reason for the letter.
x x x x x x

Liggaam/Middel van die brief - Expands on the reason for the letter - consists of at least two paragraphs.
x x x x x x

Slot - The final paragraph is usually short and rounds off the letter.
x x x x x x

Einde:
Julle/Jou dogter/vriendin/leerling/buurvrou **(your relationship to the recipient)**
Groete/Liefde/Liefdegroete   **(alternatives)**
Marie **(Your surname is unnecessary if you are writing to family or close friends.)**

2. FORMAL OR BUSINESS LETTERS - FORMELE/BESIGHEIDSBRIEF

The tone of the Business or Official letter is formal (formeel), businesslike (saaklik) and polite (hoflik). Only relevant details are included.

FEATURES OF THE BUSINESS LETTER:

- Everything except the sender's address is written against the **left hand margin**. (block format)
- The **sender's address** and the **date** (in full) are written on the top middle right-hand side of the page.
- Write the title and the name and address of the **recipient** (ontvanger) against the left margin.
- **No punctuation** is used for these addresses.
- If you are not sure of the exact identity of the person to whom you are writing, use **Sir** (Meneer) or **Madam** (Mevrou).
- The word **Dear** (Geagte) is omitted when writing to the **Press** (Pers). We simply say, Meneer or Mevrou.
- An underlined **subject heading** (onderwerpopskrif) is written under the salutation. This heading encapsulates your purpose and is designed to aid the recipient of the letter.
- The **introductory paragraph** expands further on the subject heading.
- **Each paragraph** deals with a different aspect of the matter in hand.
- Remember to leave a **line** between each paragraph.
- **Yours faithfully** (Die uwe) is the most commonly used ending.
- **Sign** (teken) your name and then print your **name** (naam) and **title** (titel) beneath it.

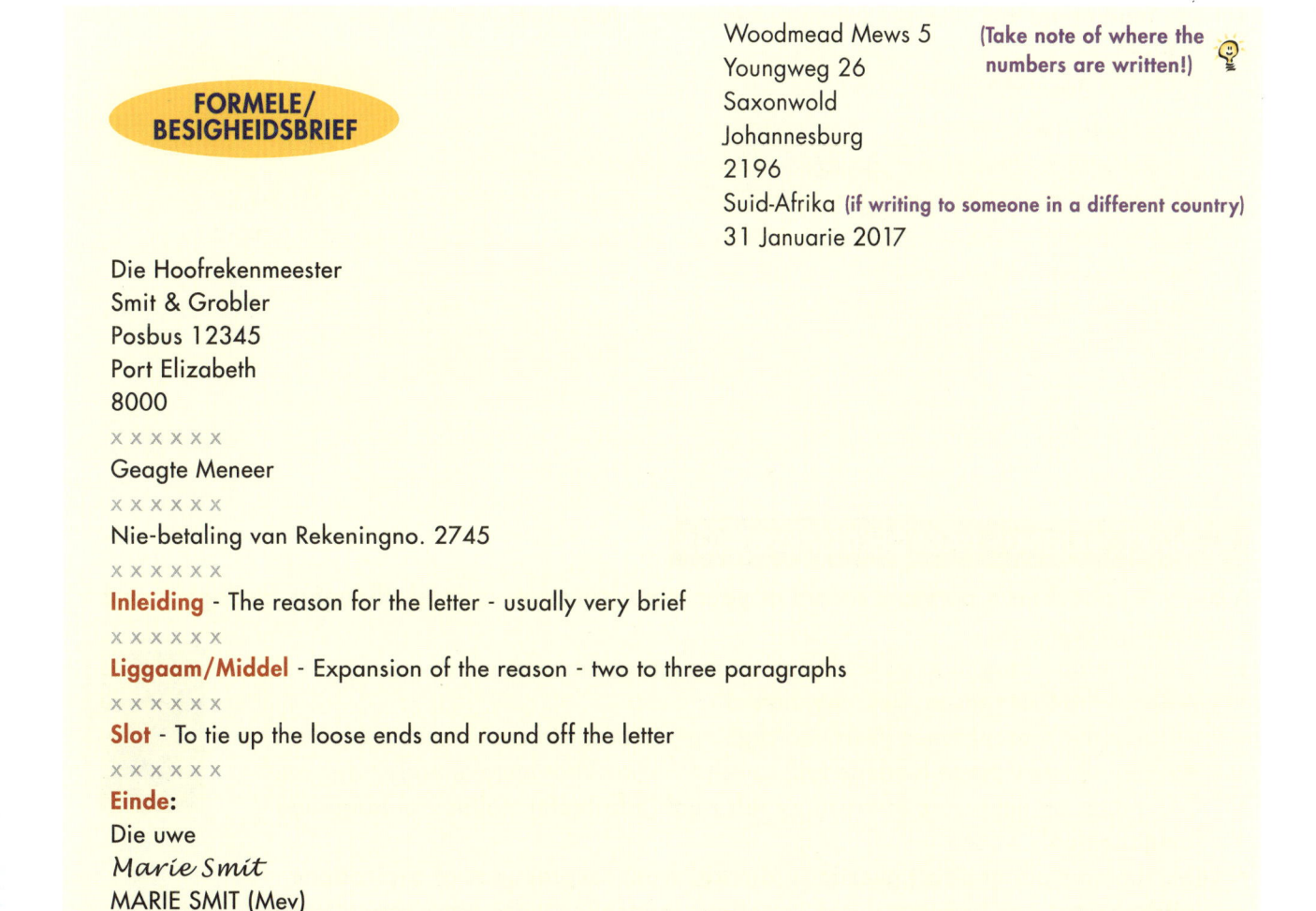

FORMELE/BESIGHEIDSBRIEF

Woodmead Mews 5
Youngweg 26
Saxonwold
Johannesburg
2196
Suid-Afrika (if writing to someone in a different country)
31 Januarie 2017

(Take note of where the numbers are written!)

Die Hoofrekenmeester
Smit & Grobler
Posbus 12345
Port Elizabeth
8000

x x x x x x

Geagte Meneer

x x x x x x

Nie-betaling van Rekeningno. 2745

x x x x x x

Inleiding - The reason for the letter - usually very brief

x x x x x x

Liggaam/Middel - Expansion of the reason - two to three paragraphs

x x x x x x

Slot - To tie up the loose ends and round off the letter

x x x x x x

Einde:
Die uwe
Marie Smit
MARIE SMIT (Mev)

THE ENVELOPE - DIE KOEVERT

```
                                                    [SEËL]

                    DIE HOOFREKENMEESTER
                    SMIT & GROBLER
                    POSBUS 12345
                    PORT ELIZABETH
                    8000
                    SUID-AFRIKA
```

3. POSTCARDS - POSKAARTE

A postcard is usually brief (beknop), friendly (vriendelik) and informal (informeel).
It is a popular form of holiday correspondence (vakansiekorrespondensie).

- A postcard has **limited writing space** as there is usually a picture on the one side and the address of the recipient is written on half of the other side.
- Only **concise, relevant information (inligting)** should, therefore, be included.
- **Date (datum)** and **place (plek)** need to be specified.
- *'Postcard licence'* allows fragmented language with phrases and incomplete sentences.
- Include as many interesting **details (besonderhede)** as possible.
- The **tone (toon)** will vary according to sender and recipient.

Parys - 31 Januarie 2017

Liewe Gesin
Frankryk is pragtig - geniet elke oomblik!
Alle toeristeplekke gesien: die Eiffeltoring,
die Louvre, Versailles en die Moulin Rouge.
Peperduur, maar elke Euro werd!
Vertrek môre Spanje toe.
Skryf meer van daar af.
Liefde
Kim

Mnr & Mev R. Smit
Madeliefiestraat 23
Dolfynbaai
Durban
4001
Suid-Afrika

---

4. DIARY WRITING - DAGBOEKINSKRYWINGS

A diary (dagboek) is a personal record of your experiences (ervarings), thoughts (gedagtes) and emotions (gevoelens).

- Write the **day (dag)** and **date (datum)** at the top of the entry.
- Write in the **first person. (ek, my, myne)**
- Write in the **present tense (teenwoordige tyd)** in order to capture the moment.
- Write in the **past tense (verlede tyd)** to relate events that have already happened.
- Depending on the nature of the diary **informal (informele)**, **colloquial language (omgangstaal)** is used.
- Discriminate use of **direct questions (direkte vrae)**, **expressions of aspirations (uitdrukkings van begeertes)** and **intentions (bedoelings)** are often very effective.
- In order to be convincing, use **punctuation** such as question marks and exclamation marks. Once again, remember that **overuse kills**.
- The essence of a powerful diary is its **sincerity (opregtheid)**.

5. INVITATIONS - UITNODIGINGS

An invitation is sent in order to invite others to a specific occasion.
- A touch of **creativity (kreatiwiteit)** is needed to make the occasion seem special and worth attending.
- Your artistic and computer skills will now come into play.
- **Clear, concise information (duidelike, beknopte inligting)** is required.
  - **When (wanneer)** - date and time **(datum en tyd)**
  - **Where (waar)** - address **(adres)**
  - **Dress (kleredrag)** - formal, semi-formal, casual or fancy dress
  - **Reply date** (RSVP) **(beantwoordingsdatum)**
  - **Contact details (kontakbesonderhede)** - telephone **(telefoon)**, cellphone **(selfoon)**, fax **(faks)** and e-mail **(e-pos)**

U IS GENOOI ...

6. MINUTES - NOTULES

Minutes are formal (formele), precise (akkurate) and concise (opsommende) records of meetings (vergaderings).
- Their purpose is to ensure that the meeting is **correctly documented** and that there is no discrepancy as to who attended, what was discussed and what was decided.

THE FORMAT - DIE FORMAAT:
- The opening sentence includes the **date (datum)**, **time (tyd)** and **place (plek)** of the meeting.
- The following numbered headings are written against the **left-hand margin (linkerkantlyn)**:
  1. **Members present (Lede teenwoordig)**
  2. **Apologies (Verskonings)** (from those who could not attend)
  3. **Minutes of the previous meeting (Notule van die vorige vergadering)**
  4. **Matters arising from the agenda (Inhoud van die agenda)**
  5. **General (Algemeen)**
  6. **Date of the next meeting (Datum van volgende vergadering)**
  7. **Time that the meeting was terminated (Hoe laat vergadering beëindig is)**

7. FORMAL REPORTS - FORMELE VERSLAE

Reports are factual accounts or summaries (opsommings) written in a formal, concise manner. They are usually commissioned or requested.
- Reports may be either **investigative (ondersoekende)** or **eye-witnessed (as ooggetuie)**.
- The aim is to **convey** and **record information (inligting)**.
- The facts must be **correct (korrek)**, **relevant (toepaslik)**, **informative (insiggewend)** and able to be **substantiated (bewys)**.
- **Attention to detail (aandag aan besonderhede)** is essential.
- For clarity, they may be written **in point form (puntsgewys)**.
- The **tone (toon)** will be dependent on the type of report you are writing and the audience to whom it is directed.
- In order to make the report sound more **objective**, avoid using the first person **(ek, my)**.

EYE-WITNESS REPORT - OOGGETUIE-VERSLAG:
This is a written account of what you would verbalise in a Court of Law.
- Include the **time (tyd)**, **date (datum)** and **facts (feite)** of the incident.

8. NEWSPAPER ARTICLES/REPORTS - KOERANTARTIKELS/-VERSLAE

A newspaper article must be factual (feitlik), relevant (toepaslik) and informative (inligtend).
- The **title (opskrif)** must be short, powerful and eye-catching.
  It should encapsulate the article's main idea.
- The name of the **journalist (joernalis)**, and the **place (plek)** where the article was written usually appears in bold capital letters at the top of the first paragraph.
- A newspaper article is usually divided into **columns (kolomme)** containing **short paragraphs**.
- A line is left between paragraphs.
- The **first paragraph** is a short summary of the article. It should introduce us to the **who**, **what**, **where**, **when**, **why** and **how** that is to follow.
- Each fact or idea is then expanded in its own paragraph.
- The **first person (ek, my)** is never used. Articles are reported in the **third person (hy, sy, dit, hulle)**.
- Where possible, use people's **names**.
- Use **direct speech (direkte rede)** and inverted commas when people comment or give evidence.

9. MAGAZINE ARTICLES/REPORTS - TYDSKRIFARTIKELS/-VERSLAE

In order to retain the reader's interest, the article should at all times be interesting and informative.
- As in newspaper articles, the **title (opskrif)** must be short, powerful and eye-catching.
- Most magazine articles are also divided into **columns (kolomme)** to ensure easier reading.
- The writing is structured and separated into **paragraphs (paragrawe)**, usually with an introduction, development (body) and conclusion.
- The **writer (skrywer)** is always mentioned.
- The **topic (onderwerp)**, **tone (toon)** and **style (styl)** is dependent on the nature of the article, the personality of the writer and the audience to whom it is addressed.

10. REVIEWS - VERSLAE

BOOK REVIEWS - BOEKVERSLAG
The aim is to offer information (inligting) about the book and to instil an interest (belangstelling) in it.
- The book review should briefly discuss the **plot (knoop)**, **setting (agtergrond)** and **characters (karakters)** but should not be over-detailed nor too explicit.
- The reviewer has the prerogative of taking a **standpoint (siening)** and offering his **opinion (opinie)**.
- Based on this, readers will decide whether or not to read this book.

BLURBS - REKLAMETEKSTE
This is the publisher's advertorial which aims to encourage the potential reader to buy the book.
- It is usually found on the **inside jacket (omslag)** or on the **back cover (agterblad)** of the book.
- The blurb is similar to a book review but it is more of a summary, offering a **brief insight (kort insig)** into the book.
- It states the **genre (soort)** (type) of the book and briefly introduces the **setting (agtergrond)**, **characters (karakters)** and **plot (knoop)**.
  The secret is to whet the reader's appetite without divulging too much.

ENTERTAINMENT - FILMS AND THEATRES
VERMAAK - ROLPRENTE EN TONEELOPVOERINGS
The aim of this short summary is to inform readers about films and plays that are currently on circuit.
- It is possible to **praise (prys) and criticise (kritiseer)** within the same review.
- The writer (critic) must make his impressions clear and commit himself to an **opinion (siening)**.
- All opinions must be **substantiated (bewys)**.

11. DIALOGUES - DIALOË

Dialogue is a form of writing used for conversations between two or more people, for interviews or for script writing.
- Each sentence is usually a **response (reaksie)** to the previous sentence.
- Dialogues are written in **direct speech (direkte rede)**, but there are **no inverted commas (aanhalingstekens)**.
- The **speaker's name (spreker se naam)**, followed by a **colon (dubbelpunt)**, is written on the **left-hand (linkerkant)** side of the page.
  - Pieter: Hoe lank is jy al in Kaapstad?
  - Dawid: Ek het gisteroggend geland.
- **Extra information (bykomende inligting)**, such as an instruction how to say or to do something, is written in parenthesis (brackets).
- The **tone (toon)** and **language (taal)** will depend on the relationship between the two speakers and the topic of conversation.
- A **line (reël)** should be left between each speaker to ensure clarity.

This will also prove useful for oral work (mondeling) - see pg. 92.

INTERVIEWS - ONDERHOUDE
An interview is a structured dialogue between two people.
One person responds to the questions of the other, and in the process, gives relevant information.
- The **format** will be **question and answer**.
- **Knowledge (kennis)** of the subject is vital to a sharp, focused interview.

12. CURRICULUM VITAE (CV)

Formats and requirements may differ according to your age and academic stage.

A curriculum vitae is a comprehensive biographical statement (lewensprofiel) of your personal details, achievements and activities.

Headings should include:
- **Personal Details (Persoonlike besonderhede)**
  Surname **(Van)**, First Names **(Voorname)**, Date of Birth **(Geboortedatum)**, I.D. Number **(I.D. Nommer)**, Home Language **(Huistaal)**, Home Address **(Huisadres)**, Postal Address **(Posadres)**, Email Address **(E.Posadres)** and Contact Numbers **(Kontaknommers)**
- **Formal Education (Formele Opleiding)**
  Primary School **(Laerskool)**, High School **(Hoërskool)**
  Subjects passed, including grades **(Vakke geslaag, sluit grade in)**
- **Hobbies, Interests and Achievements (Stokperdjies, Belangstellings en Prestasies)**
- **Work Experience (Werkondervinding)** (if relevant)
- **References (Referente)**

13. PAMPHLETS - PAMFLETTE

Pamphlets may be informative (inligtend), persuasive (oorredend) or educational (opvoedkundig).
- Information is **organised** under **headings (hooftrekke)** and **subheadings (sub-titels)**.
- To ensure **clarity of meaning**, paragraphs are short.
  Sentences are simply written and are generally brief and to the point.
- **Diagrams (diagramme)** and **pictures (prente)** often accompany the writing.
- **Technical language (tegniese taal)** is used where necessary.
- **Tone (toon)**: The material in an informative pamphlet is **factual (feitelik)** and the tone is **neutral (neutraal)**. If the goal of the pamphlet is to **persuade (oorreed)** the reader, a more **personal (persoonlik)**, **emotive (emotief)** tone will be used.

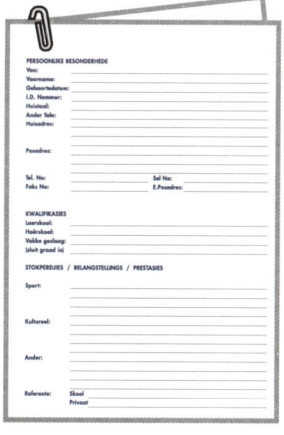

14. ADVERTISING - REKLAME

An advertisement (advertensie) promotes a product, usually by emotive and persuasive means.

- A successful advertisement will make use of one or more of the following techniques: **creativity (kreatiwiteit)**, **emotion (emosie)**, **reason (rede)**, **fact (feit)** or **opinion (opinie)**.
- **Emotion (gevoel)** and **subjective opinion** dominate advertising and the consumer needs to be aware of this.

A WRITTEN ADVERTISEMENT SHOULD:

- **interest (interesseer)**, **stimulate (stimuleer)** and **influence (beïnvloed)** the consumer
- **describe (beskryf)** and **promote (bevorder)** the product in an exciting, original manner
- **convince (oortuig)** the buyer that he or she cannot do without the product
- be **targeted (mik)** at a specific **market (mark)** e.g. children, teenagers, housewives or business people
- provide **information (inligting)** such as **statistical evidence (statistiese bewyse)**, **contact details (kontakbesonderhede)**, **price (prys)** and **availability (beskikbaarheid)**
- be **simple (eenvoudig)** and **memorable (onvergeetlik)** e.g. by using points in bullet-form rather than sentences

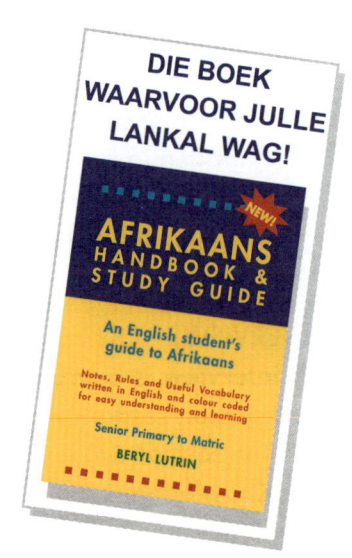

THE A I D A PRINCIPLE:

A I D A is a recognised advertising acronym:

ATTENTION	-	grab the **attention (aandag)** of the buyer
INTEREST	-	sustain the consumer's **interest (belangstelling)**
DESIRE	-	create a **desire (begeerte)** to possess the advertised product
ACTION	-	spur the buyer into **action (optrede)**

ADVERTISING TACTICS - REKLAMETAKTIEK:

- Use **visual effects (vertoon-effekte)** - eye-catching headlines, pictures, photographs, cartoons, posters and cleverly designed graphics.
- Use **sound effects (klank-effekte)** - jingles, songs, lyrics from music or appropriate background sounds.
- Use **language devices (taalpatrone)** - well-chosen adjectives, puns, alliteration, assonance, exaggeration, repetition, rhetorical questions, commands, slogans and catchy phrases.
- Appeal to the reader's **emotions and desires (emosies en begeertes)** - make the reader feel that it is in his or her interest to buy the object.
- Address the **universal concerns (universele vraagstukke)** - self esteem, health, financial and physical security.
- Give **statistical claims and successes (statistiese aansprake en suksesse)** - in order to gain credibility.
- Incorporate **humour (humor)** - as soon as the recipient smiles, the advertisement has achieved its objective.
- Make use of **appealing gimmicks (aanloklike foefies)** - free gifts, prizes and special offers.

> Advertising is an expensive exercise and demands expertise.

USEFUL VOCABULARY

consumer	-	verbruiker	main message	- boodskap
effectiveness	-	doeltreffendheid	needs	- behoeftes
font	-	drukskrif	punctuation	- leestekens
generalise	-	veralgemeen	stereotype	- stereotipe
intention	-	bedoeling	target audience	- teikengroep

15. ELECTRONIC COMMUNICATION - ELEKTRONIESE KOMMUNIKASIE

The **speed** (spoed), **ease** (gerief) and **economy** (ekonomie) of electronic communication has made it an important part of our modern life-styles. As in all forms of communication, the register (appropriate use of language for a particular recipient and situation) will determine the writing level and format (formaat).

A. E-MAIL - E-POS

E-mail (short for electronic mail) is the instant electronic transmission of messages (boodskappe), letters (briewe), documents (dokumente), images (prente) and photographs (foto's).
It has become the most popular (gewild) and widely used form of electronic communication.
E-mailing is often preferable to faxing, because an e-mail document is generally of high quality resolution and is in a workable format.

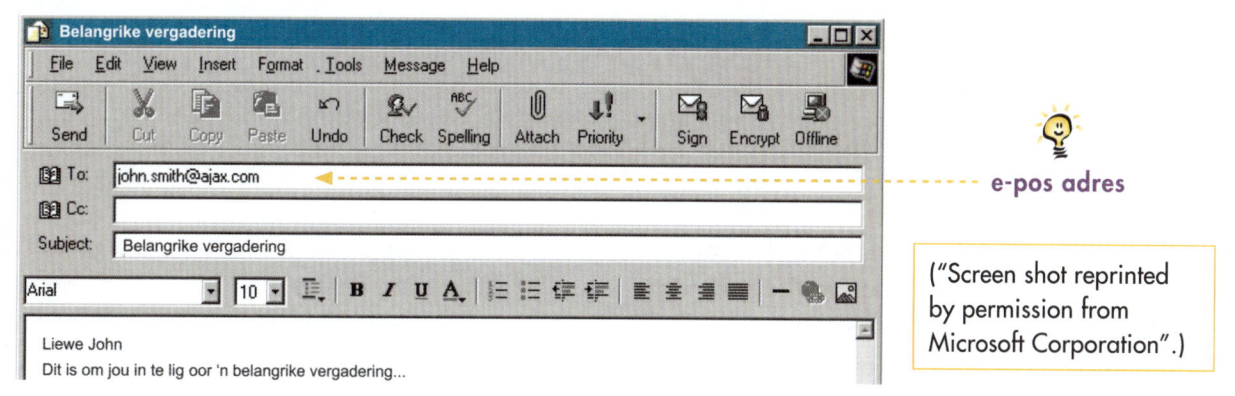

e-pos adres

("Screen shot reprinted by permission from Microsoft Corporation".)

B. FAX - FAKS

A fax (short for facsimile or telefacsimile) is a document, sent via a telephone network, usually from one fax machine to another fax machine. It may also be sent to/from a computer or to/from a mobile telephone.
It is virtually a **photocopy** of the original document.
A fax is an **instantaneous** (oombliklik) and relatively **low-cost** (laekoste) form of transmission.

(Insake = I.S.)

(to ensure that the correct person receives the fax)

(to ensure that all pages are received)

C. SMS - SMS

SMS (Short Message Service) is the instant transmission of a short text message to and from a mobile phone. The messages are also known as text messages, texts, txts, or SMSs.
It is a **low-cost** (laekoste), **concise** (beknopte) form of communication that has become popular, particularly with **young people** (jongmense).
A SMS exchange between two parties is called **'texting'**.
Texts can be sent and received where normal voice conversations would not be possible e.g. at noisy sports events or during meetings.

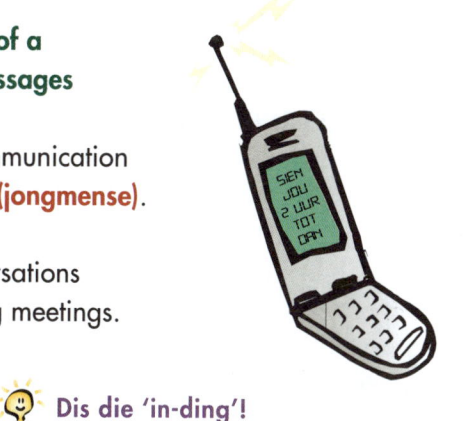

D. THE I.T. REVOLUTION (INFORMATION TECHNOLOGY) - DIE I.T. REVOLUSIE (INLIGTINGSTEGNOLOGIE)

Dis die 'in-ding'!

In the last decade, **modern technology** has given rise to Smart Phones, Tablets and enhanced, user-friendly computer programs.

Social Networking (Sosiale Netwerke) via Facebook, Twitter, Mixit, Skype, BBM, Whatsapp, Bloggs and many other forms of electronic communication (elektroniese kommunikasie), has become a popular way of life, especially amongst the youth.

Electronic Books (Ebooks) (E-boeke) are rapidly gaining in popularity due to their convenience and affordability.

IDEES VIR ONDERWYSERS - IDEAS FOR TEACHERS
AKTIWITEITE VIR STUDENTE - ACTIVITIES FOR STUDENTS

Verdere Aktiwitiete om Lees, Skryf en Mondeling te bevorder - Extended Activities to practise Afrikaans Reading, Writing and Speaking

1. THE SCHOOL NEWSPAPER - DIE SKOOLKOERANT

A class or school newspaper is an excellent, stimulating vehicle for integrating all writing skills.

- It will allow students to showcase their particular **interests** (belangstellings) and **talents** (talente).
- It will foster **group work** and **co-operative** learning.
- The contents should be **topical** (eietyds) and **relevant** (toepaslik) to the students. It should encapsulate and reflect their world.
- The nature of the newspaper will depend on its objectives and the frequency of its publication.

SUGGESTED CONTENTS:

Title of Newspaper	Naam van koerant	Cultural happenings	Kulturele gebeure
Front page - featured articles	Voorblad - hoofberigte	Forthcoming events	Naderende gebeure
School news	Skoolnuus	Community involvement	Gemeenskapsdiens
School successes	Skool suksesverhale	Outings	Uitstappies
Individual successes	Individuele suksesse	Advertisements	Advertensies
Sport	Sport	Classifieds	Geklassifiseerd
Visiting personalities	Besoekende persoonlikhede	Competitions	Kompetisies
Teacher of the month	Onderwyser van die maand	Crossword Puzzles	Blokkiesraaisels

2. THE SCHOOL MAGAZINE - DIE SKOOLTYDSKRIF

A class or school magazine is also an excellent, enjoyable means of integrating all writing skills.

- It **reinforces** the writing process.
- It puts into practice **group work**, **planning**, **application** and **assessment**.
- It **accommodates differences** in interests, personalities and abilities.

THE FOLLOWING COULD BE EXPLORED AND COVERED:

Title of Magazine	naam van tydskrif	Advice Column	raad-kolom
Editorial	redakteursbrief	Crosswords	blokkiesraaisels
Contents	inhoud	Competitions	kompetisies
Articles	artikels	Reviews - Books, Films,	resensies - boeke, rolprente,
The Short Story	kortverhaal	Theatres, Music,	opvoerings, musiek,
Letters to the Editor	briewe aan die redakteur	Restaurants	restaurante
Fashion	mode	Advertisements	advertensies
Travel	reis	Computer information	rekenaarinligting
Sport	sport	Recipes	resepte
Current Affairs	sake van die dag	Jokes and Riddles	grappies en raaisels
Interviews	onderhoude	Horoscopes	sterrevoorspellings
Children's Page	kinderbladsy		

Consult various magazines and newspapers for ideas.

3. BOOK REVIEWS - BOEKVERSLAE

Bring your literature to life in these imaginative ways!

A. ALTERNATIVES TO A WRITTEN BOOK REPORT:
- Create a written **advertisement (advertensie)**.
- Design a new **cover (omslag)** for the book.
- Write a publisher's **blurb (reklameteks)** in order to sell the book.
- Write to the **author (skrywer)** describing your feelings about the book.
- Create newspaper **headlines (opskrifte)** based on the book.
- Write an imaginary **letter (brief)** between two of the characters.
- Compile a **diary (dagboek)** extract or extracts that may be written by one of the characters.
- Create a **collage (collage)** or a **'junk sculpture' (rommelbeeldhouwerk)** of the book's key concerns.
- Create **horoscopes (sterrevoorspellings)** for the characters.

B. DRAMATISED PRESENTATION - GEDRAMATISEERDE VOORDRAG:
This activity is a combination of oral and written communication and will require students to speak, read and act.
- The objective of this enjoyable activity is to persuade potential readers to **read** the book and to develop a **love** of reading.
- The work may be presented **individually** or in **groups**.
- Having read the book, students will be required to prepare an activity within a time limit.

a. Dramatised Prose - Gedramatiseerde Prosa
- **Read (lees)** a prepared passage to the class.
- **Dramatise (dramatiseer)** an extract from the book.
- The **suggestion of costumes (kostuums)** e.g. hats and scarves, may be an effective touch.
- **Discuss (bespreek)** a character or a short section without divulging too much of the plot.

b. Advertisements - Advertensies (see pg. 80)
- The **subject (onderwerp)** and the **audience (gehoor)** will determine the nature of the presentation.
- The **title (opskrif)** is the catch-phrase, as this is what you want the audience to remember.
- Offer about three **reasons (redes)** why the book should be read. (Too many will lessen the impact.)
- Enhance your advertisement with the use of slogans, songs, rap, jingles and other appropriate **sound effects (klank-effekte)** e.g. musical instruments.
- **Visual effects (vertoon-effekte)** such as posters or suggestion of costumes (hats and scarves) could be included.

c. Interviews - Onderhoude (see pg. 79)
The interview may be conducted in pairs (pare) or as a panel discussion (paneelbespreking).
- The format will be **question (vraag)** and **answer (antwoord)**.
- The questions need careful and intelligent **preparation (voorbereiding)**.
- It is important for the questioner to appear **knowledgeable (ingelig)**.
- Questions and answers should appear to be **spontaneous (spontaan)**.

An interview with an author (skrywer)
The author needs to **'sell' (verkoop)** herself or himself as well as the book.

An interview with a character (karakter) or some of the characters from a book.
This will give us **insight (insig)** into the characters and bring them to life.

d. A Puppet Show - Marionettespel
The puppets (speelpoppe) may enact scenes from the book, discuss or promote the book.
Puppet-making could be integrated with the Art Class.
- Hand puppets, finger puppets or shadow puppets could be used.

LETTERKUNDE - LITERATURE
SUMMARY OF CONTENTS

A   **LITERARY ANALYSIS - LITERÊRE ONTLEDING** **85-86**
1. Title - Titel 85
2. Setting - Agtergrond 85
3. Characters - Karakters 85
4. Plot - Knoop 86
5. Themes and Sub-Themes - Temas en Onder-Temas 86
6. Style - Styl 86
7. Tone - Toon 86
8. Intention - Bedoeling 86

B   **POETRY - POËSIE** **87-89**
  A   **Poets and their Times - Digters en hul Tyd** 87

  B   **Analysis of Poetry - Ontleding van Poësie** 87
      1. Theme or Main Idea - Tema of Hoofgedagte 87
      2. Form - Vorm 87
      3. Diction (Word Choice) - Woordkeuse 87
      4. Feeling or Tone - Gevoel of Toon 88
      5. Imagery - Beeldspraak 88
      6. Rhythm - Ritme 88
      7. Rhyme - Rym 88

  C   **Poetic Forms - Soorte Poësie** 89
      a. **Narrative Poetry - Verhalende Poësie**
         1. The Ballad - Ballade
         2. The Epic - Epiese Gedig
         3. The Allegory - Allegorie
         4. Dramatic Monologue - Dramatiese Monoloog

      b. **The Lyric - Die Liriese Gedig**
         1. The Sonnet - Sonnet
         2. The Ode - Die Ode
         3. The Elegy - Elegie/Treursang

C   **LITERATURE QUESTIONS - LETTERKUNDE VRAE** **90**
  A   Literature - Letterkunde
  B   Poetry - Poësie

D   **LITERARY TERMS - LITERÊRE TERME** **108**
(See 'Woordeskat')

> 💡 The Afrikaans terminology has been included **(in red)** where necessary or useful.

LETTERKUNDE - LITERATURE

LITERATURE INCLUDES:

Fiction	Fiksie	Non-Fiction	Nie-fiksie	Novels	Romans
Short Stories	Kortverhale	Drama	Drama	Plays	Toneelstukke
Poetry	Poësie	Visual Literacy	Filmstudie		

> Although mainly content is tested in Afrikaans Second Language examinations, it will add to your enjoyment and enrichment to study and be aware of all aspects of Literature. In your Oral Work, you may also be required to give a literary response on work you have studied.

A. WHEN STUDYING A LITERARY WORK, IT IS IMPORTANT TO CONSIDER:

1. TITLE - TITEL
The **title encapsulates, introduces and identifies a particular piece of work.**
- It becomes synonymous with the work.

2. SETTING - AGTERGROND
This is the **background against which the novel (roman), short story (kortverhaal) or play (toneelstuk) is set.**
- The setting provides the **framework of time and place (raamwerk van tyd en plek).**
- The reader needs to identify the setting and this is achieved by direct information as well as by language usage.

3. CHARACTERS - KARAKTERS
a. **Characters are studied and analysed for their physical appearances (fisiese voorkoms), personalities (persoonlikhede) and actions (optrede).**

  i. **Appearance - Voorkoms:**
   - age (ouderdom)
   - physical appearance (fisiese voorkoms)
   - dress (kleredrag)
   - social class (sosiale klas)
   - mannerisms (gebare)
   - mode of speech (spreekmaniere) (accent, dialect, choice of words)

  ii. **Personality - Persoonlikheid:**
   - intelligence (intelligensie)
   - sensitivity (gevoeligheid)
   - attitude (houding)
   - positive or negative qualities (positiewe of negatiewe eienskappe)
   - strengths or weaknesses (sterktes en swakhede)
   - warm or distant nature (warm of afgetrokke natuur)
   - sincerity or falseness (opregtheid of valsheid)

  iii. **Action - Optrede:**
   - The actions of the characters are interwoven with the plot, sub-plots and themes.

b. You learn to know and understand the characters as a result of:
- What the writer says about them.
- What other characters say and think about them.
- What they say and think about themselves.
- Their actions and reactions to certain situations and other characters.

These aspects allow you to visualise the characters and make them credible and real.

> You may find it useful to make a list of the characters as you encounter them. Note appearance, age, character traits and relationships with other characters.

4. PLOT - KNOOP
The plot is the sequenced storyline that the writer or playwright develops.
- The writer's ability to create emotions such as excitement (opwinding), curiosity (weetgierigheid), suspense (spanning) or romance (romanse) will ensure a credible plot.

5. THEMES AND SUB-THEMES - TEMAS EN ONDER-TEMAS
Themes are the main ideas (hoofgedagtes) of literary works e.g. **love (liefde)**, **ambition (ambisie)** or **war (oorlog)**.
- Themes convey the **message (boodskap)** or messages of the writer and may contain his **beliefs (oortuigings) and opinions (opinies)**.

6. STYLE - STYL
Style is the manner (wyse) in which the work has been written.
- The style is created and developed by **diction (woordkeuse)** and **language usage (taalgebruik)**.
- The style may be literal or figurative, formal or informal (colloquial), detailed or concise, simple or verbose.
- Styles differ depending on the use of the first or third person.

7. TONE - TOON
Tone is the manner in which the author expresses himself or herself.
- The tone may be described as **friendly (vriendelik)**, **sharp (skerp)**, **sarcastic (sarkasties)**, **ironic (ironies)**, **angry (woedend)**, **humorous (humoristies)** or **condescending (neerhalend)**.
- Tone helps to create the desired **atmosphere (atmosfeer)**.
(Consider what tone the author would use if he were to read his work out aloud.)

8. INTENTION - BEDOELING
Intention is the purpose (doel) behind the work.
- The intention may be to **entertain (vermaak)**, **inform (inlig)** or **educate (opvoed)**. A combination of the three may be present.
- The success of a literary work depends, to a large extent, on whether this intention has been met.

POËSIE - POETRY

A **poem (gedig)** is a composition in verse. It paints pictures by means of poetic devices such as figurative language, rhythm and rhyme.

POETS AND THEIR TIMES - DIGTERS EN HUL TYD

Poets reflect the events (gebeure) and ideas (idees) of their times through poetry.
- An understanding of the poet's **time (tydperk)** may lead to an understanding of his ideas.
- Knowledge of a poet's **background (agtergrond)** also gives us an insight into his intention:
  Breyten Breytenbach (Sestiger-liberaal)
  D.J. Opperman (Afrikaner values)
  Oswald Mtshali (Poet of the South African Apartheid era)

ANALYSIS OF POETRY - ONTLEDING VAN POËSIE :

1. **THEME OR MAIN IDEA - TEMA OF HOOFGEDAGTE**
   Every poem will have a theme or a main idea.
   - Each poem conveys the **message (boodskap)** or **intention (bedoeling)** of the poet and these may be explicit (obvious) or implicit (implied).
   - The poem may be a **narrative (verhalende gedig)** which tells a story, or a **lyric (liriese gedig)** which describes the personal feelings of the poet.

2. **FORM - VORM**
   A poem is written in a particular form.
   - Poems are usually written in **lines (reëls)**.
   - These lines may be grouped into **stanzas/verses (strofes)**.
   - Poems do not necessarily have to be divided into stanzas and may be written as **single entities**.
   - In **free verse (vrye vers)**, especially modern free verse, the poet defines his own form. There are no restrictions as to rhythm, rhyme or pattern.
   - Poets may also make use of **'poetic licence' (skrywerslisensie)**. This allows them to depart from grammatical restrictions in order to express themselves more effectively.
   - **Enjambment (enjambement)** or **run-on lines (aaneenlopende reëls)** occur only in poetry. They are found at the end of a line where there is no punctuation. The sense usually continues into the next line and the poet's thoughts remain unbroken.

3. **DICTION (WORD CHOICE) - WOORDKEUSE**
   The poet's use of words creates the atmosphere (atmosfeer) and sets the poem in its correct time and place.
   - Word choice also influences the **rhythm (ritme)** and **mood (luim)** of the poem.
   - In a **rhyming (rymende)** poem, appropriate word choice is crucial.
   - **Jargon (brabbeltaal)** and **slang (groeptaal)** may be used for effect.
   - The use of **repetition (herhaling)** is also an effective device.

4. **FEELING OR TONE - GEVOEL OF TOON**
   The feeling or tone of the poem will reveal the poet's subjective views and attitudes (houding).
   - As in other forms of literature, the tone may be described as **friendly (vriendelik)**, **sharp (skerp)**, **sarcastic (sarkasties)**, **ironic (ironies)**, **angry (woedend)**, **humorous (humoristies)** or **condescending (neerhalend)**.
   - Tone helps to create the desired **mood (luim)** or **atmosphere (atmosfeer)**. This is achieved by word choice as well as by the rhythm and sounds of the words.
   (Consider what tone the poet would use if he were to read his work out aloud.)

5. **IMAGERY - BEELDSPRAAK**
   The style of poetry is a combination of literal and figurative language.
   - Imagery, often involving the senses, conjures up **word pictures (woordprentjies)**. These affect us emotionally and intellectually.
   - Poetry may use **metaphors (metafore)**, **similes (vergelykings)** or **personification (personifikasie)** for comparisons. If the same metaphor is woven throughout the poem, it is called an **extended metaphor (uitgebreide metafoor)**.
   - The creative use of the **sound devices (klank-middels)** such as **alliteration (alliterasie)**, **assonance (assonansie)** and **onomatopoeia (onomatopee)** enhances the imagery of the poem.

6. **RHYTHM - RITME**
   Poetry often has a rhythm or a flow. In this way poetry is similar to music.
   - The rhythm sets the **pace (pas)** of the poem and should match the **meaning (betekenis)**.
   - A *slow* **(stadige)** rhythm would reinforce a *sombre* **(somber)** meaning and a **quicker-paced (vinnige-pas)** rhythm could reflect a *happy* **(gelukkige)** mood.
   - When reading a poem aloud, *feel* the change of pace and how this affects the mood of the poem.
   - **Poetic sound devices (poëtiese klankmiddels)** such as **onomatopoeia (onomatopee)**, **alliteration (alliterasie)** and **assonance (assonansie)** influence the **pace (pas)** (tempo) (tempo) and the **pause (ruspoos)** of poetry speaking.

7. **RHYME - RYM**
   Rhyme depends on sound not sight: e.g. pikkew**yn**/p**yn**   geb**ore**/m**ore**.
   - Sensible use of rhyme is an effective form of poetry writing.
   - Two consecutively rhyming lines are called a **couplet (koeplet)**.
   - A four-lined poem is called a **quatrain (kwatryn)**.

POETIC FORMS - SOORTE POËSIE

The form of a poem defines the manner in which the poet expresses himself and the meaning that is communicated.

A. NARRATIVE POETRY - VERHALENDE POËSIE

A narrative poem tells a story (storie).
- It usually has a **beginning**, a **middle**, a **climax** and a **conclusion**.
- Direct and narrated speech usually make up the form of this poem.
- Narrative poetry was often composed to record **historical** (geskiedkundige), **political** (politiese) and **family events** (familie gebeurtenisse).
- These poems were passed down from generation to **generation** (geslag).

1. **THE BALLAD - BALLADE**
   The Ballad is the oldest form of Narrative Verse (Storie).

2. **THE EPIC - EPIESE GEDIG**
   The Epic is a long, narrative poem telling the story of an historical figure (geskiedkundige persoon) or event (gebeurtenis).

3. **THE ALLEGORY - ALLEGORIE**
   The Allegory is a narrative that often appears in the form of an extended metaphor (uitgebreide metafoor).

4. **DRAMATIC MONOLOGUE - DRAMATIESE MONOLOOG**
   The Dramatic Monologue is a poem spoken in the first person (eerste persoon). (mono = one)

B. THE LYRIC - DIE LIRIESE GEDIG

The Lyric is a poem with a musical (musikale) or song-like quality (sang-eienskap).

1. **THE SONNET - DIE SONNET**
   Sonnets are fourteen-line poems, which depend on definite rhyme schemes.
   They convey the poet's feelings about a matter of personal importance.
   - The most famous sonnets were written by **Shakespeare**.
   - Elizabeth Eybers used the sonnet format in some of her Afrikaans poems.

2. **THE ODE - DIE ODE**
   The Ode is an address (toespraak) or tribute (huldeblyk) in praise of something.
   - It is a lyrical poem, describing the **personal feelings** of the poet.

3. **THE ELEGY - DIE ELEGIE/TREURSANG**
   The Elegy is a reflective poem or lament (treurlied) often dealing with topics such as death (die dood) or mourning (rou).
   - Examples of this format may be found in Totius's poetry.

> Modern poets are often songwriters!

LETTERKUNDEVRAE - LITERATURE QUESTIONS

> Here are examples of the types of literary questions you can expect.

A. LITERATURE - LETTERKUNDE

1. Questions about the **content**, **theme** or **title**	Vrae oor die **inhoud**, **tema** of **titel**
2. With which **character** can you **identify**?	Met watter **karakter** kan jy **identifiseer**?
3. Describe the **character development** of one of the characters.	Beskryf die **karakterontwikkeling** van een van die karakters.
4. Write a **character sketch** about one of the characters.	Skryf 'n **karakterskets** oor een van die karakters.
5. What **conflict/plot** exists in the literary work?	Watter **konflik/knoop** bestaan in die letterkundewerk?
6. Give a **brief description**…	Gee 'n **kort beskrywing**…
7. **Describe** the **qualities**…	**Beskryf** die **eienskappe**…
8. Give **examples**…	Gee **voorbeelde**…
9. **Explain**…	**Verduidelik**…

B. POETRY - POËSIE

1. Which **word/phrase/sentence**…	Watter **woord/frase/sin**…
2. Give two **consecutive words**…	Gee twee **opeenvolgende woorde**…
3. Give three **individual words**…	Gee drie **losstaande woorde**…
4. You must **prove/motivate** your answer.	Jy moet jou antwoorde **bewys/motiveer**…
5. **Quote** a word/phrase…	**Haal** 'n woord/frase **aan**…
6. In the second **stanza**…	In die tweede **strofe**…
7. **Motivate** with a **line**…	**Motiveer** met 'n **(vers)reël**…
8. Name two **reasons**…	Noem twee **redes**…
9. Which word **refers to**…	Watter woord **verwys na**…
10. Which sentence/line in the **poem**…	Watter sin/reël in die **gedig**…
11. Describe a **contrast/comparison/metaphor**…	Beskryf die **teenstelling/vergelyking/metafoor**…

> See also **Vraagwoorde** en **Bevelwoorde** on pg. 64

MONDELING - ORAL COMMUNICATION
SUMMARY OF CONTENTS

A   **CONTINUOUS ASSESSMENT - DEURLOPENDE EVALUERING** **92**

B   **THE PREPARED SPEECH - VOORBEREIDE TOESPRAAK** **92-93**
1. Content - Inhoud
2. Planning - Beplanning
3. Vocabulary and Language Usage - Woordeskat en Taalgebruik
4. Presentation - Aanbieding
5. Key/ Cue Cards - Sleutelkaartjies
6. Practising Your Speech (Oefening van Toespraak)

C   **COMMUNICATION TOPICS - KOMMUNIKASIE ONDERWERPE** **94-95**
1. Greetings - Groete
2. Introductions - Bekendstellings
3. Apologies - Verskonings
4. Thanks - Bedankings
5. Invitations - Uitnodigings
6. Questions - Vrae
7. Directions - Rigtings
8. Emotional Expressions - Emosionele Uitdrukkings

> The Afrikaans terminology has been included (in red) where necessary or useful.

MONDELING - ORAL COMMUNICATION

A. CONTINUOUS ASSESSMENT - DEURLOPENDE EVALUERING

Your oral ability will be tested continuously in a variety of situations such as:
- prepared speeches and discussions (voorbereide mondeling en gesprek)
- prepared reading and discussions (voorbereide hardoplees en gesprek) (see pg. 66 - Begripstoets)
- unprepared reading and discussion (onvoorbereide hardoplees en gesprek) (see pg. 66 - Begripstoets)
- listening skills (luistervaardighede) (see pg. 67 - Begripstoets)
- dialogue (dialoog) (see pg. 79 - Skryfwerk)
- role play (rolspel)
- general topics for classroom discussions or group work (algemene onderwerpe vir klasbesprekings of groepwerk) (see Woordeskat lists pgs. 97-115)
- general situations (algemene situasies) (see pg. 94 - Kommunikasie)
- discussions from your literature (bespreking van letterkunde) (see pgs. 85-89)

> After you have delivered your speech or prepared reading, you may be questioned on it. The questions may be personal or related to the speech. It is therefore important that you fully understand your speech or reading extract.

B. THE PREPARED SPEECH - VOORBEREIDE TOESPRAAK

YOU WILL BE EVALUATED IN THE FOLLOWING AREAS:

1. **CONTENT - INHOUD**
   This will vary according to your age, grade, academic ability and Afrikaans ability.
   The choice of topic should suit your personality. You should have **interest (belangstelling)**, **knowledge (kennis)** and **belief (geloof)** in the subject under discussion.
   Certain topics will demand research. You should understand your topic so that you can prepare answers to possible questions. Do not choose a topic that is above your Afrikaans ability.

2. **PLANNING - BEPLANNING**
   As in Essay Writing, your speech will benefit from careful planning.
   a. **Brainstorm (dinkskrum)** the topic.
      Jot down **key-words (sleutelwoorde)** within the framework of a **Mind Map (breinkaart)**. From this you will see whether you have the necessary vocabulary and enough ideas on the topic.

   b. Divide your speech into **paragraphs (paragrawe).**
      The **Introduction (inleiding)** should be gripping in order to command attention and interest. This could be achieved by using a quotation, a rhetorical question or a contentious statement.
      The **Body (liggaam)** should develop logically.
      The **Conclusion (samevatting)** ties up all the loose ends and should linger in the mind of the listener. Try to end on a positive note!

3. **VOCABULARY AND LANGUAGE USAGE - WOORDESKAT EN TAALGEBRUIK**
   a. **Vocabulary - Woordeskat**
      Your word choice will be noted.
      Are you choosing simple words or more advanced synonyms?
      Do you have a sophisticated, a functional or a limited vocabulary?
      Are you using the words correctly and appropriately?

b. **Sentence structure - Sinstruktuur**
Are your sentences correctly structured, especially as regards word order and tense?
Are you combining simple sentences with more complex sentences?
Are you varying your sentence lengths and avoiding repetitive sentence beginnings and patterns?

c. **Language usage - Taalgebruik**
Are you using language appropriately and correctly e.g. prepositions **(voorsetsels)**, passive voice **(lydende vorm)** and indirect speech **(indirekte rede)**?

d. **Idiomatic usage - Idiomatiese taalgebruik**
Are you able to use idiomatic language, which makes your speaking more natural and colloquial? Examples of this are to use **dis** for **dit is**.

> Always strive to improve your skills, but be realistic about your ability. Don't burden yourself with complicated sentence structures and vocabulary that is difficult to remember. Rather speak simply and correctly.

4. PRESENTATION - AANBIEDING
Facial and vocal inflections enhance interest. Your presentation will be noted as regards your **voice modulation** and **articulation**. Are you able to use **pace** and **pause** effectively?

a. **Fluency - Vlotheid**
Your fluency will indicate your level of competence in Afrikaans. You will be judged on whether you can speak with ease and confidence, or whether you are hesitant and uncertain.
(Practise.......practise........practise!!!)

b. **Pronunciation and Accent - Aksent**
Try to be aware of accent, pronunciation and where to stress words.
It is important that you pronounce your words correctly and try to speak with an Afrikaans accent. Tune your ear to the way your teacher and other Afrikaans people speak. Watch Afrikaans television and listen to Afrikaans radio. Enunciate the 'gutteral letters' from the back of your throat. e.g. **G**erhard **g**aan **ge**woonlik **gh**olf speel.
Kinders should be pronounced as **'kinners'**.

c. **Body language - Lyftaal**
Appropriate body language will indicate that you understand what you are saying and are able to impart this to others. Your body should be 'in tune' with the message you are delivering.

d. **Eye contact - Oogkontak**
By making eye contact, you are involving your listeners or audience.
You are also showing that you can speak without looking down at your notes.

5. KEY/ CUE CARDS - SLEUTELKAARTJIES
Once you have written and practised your speech, reduce it to key words on numbered key cards.
This will encourage you to speak, rather than to read your speech.
By practising often, you will gain the confidence to speak in Afrikaans, aided only by key words rather than by the written speech.
If you are not note bound, you are able to express yourself more freely!

6. PRACTISING YOUR SPEECH (OEFENING VAN TOESPRAAK)
A well-delivered speech needs practice.
A mirror **(spieël)** provides a useful audience and allows you to see yourself as others see you.
If you don't see much of yourself, it means that you are looking down at your notes!

C. COMMUNICATION TOPICS - KOMMUNIKASIE ONDERWERPE

YOU NEED TO BE ABLE TO COMMUNICATE IN THE FOLLOWING AREAS AND SITUATIONS:
1. Greetings - **Groete**
2. Introductions - **Bekendstellings**
3. Asking forgiveness, apologising - **Verskoning vra**
4. Thanking someone - **Iemand bedank**
5. Issue/accept/reject an invitation - **'n Uitnodiging rig/aanvaar/weier**
6. Common questions - **Alledaagse vrae**
7. Emotional expressions - **Emosionele uitdrukkings**
8. Directions - **Rigtings**

These are valuable for your creative writing and oral work.

HOW 'KOMMUNIKASIE' IS TESTED:
1. You will be presented with a **situation (situasie)**, either in written or picture form.
2. Based on the situation or picture given, you may be required to supply the appropriate **dialogue (dialoog)**.
3. You must use **Direct Speech (Direkte Rede)**.
4. Where pictures or cartoons are used, take note of **body language (lyftaal)** and **facial expressions (gesigsuitdrukkings)**.
5. You must ascertain who is talking to whom, and the **tone (toon)** or **style (styl)** required.

HERE ARE SOME EXPRESSIONS FOR THESE SITUATIONS: (Please note no punctuation has been used)

GREETINGS - GROETE

everything of the best - **alles van die beste**
go well - **mooi loop**
good afternoon - **goeiemiddag**
good evening - **goeienaand**
good luck for the exam - **sterkte/voorspoed met die eksamen**
good luck for the future - **sterkte vir die toekoms**
good luck/health ('cheers') - **gesondheid**
good morning - **goeiemôre**
good night (just before bed time) - **goeienag**
good-bye - **tot siens**
hello / hi - **hallo / haai**
how are the family - **hoe gaan dit met die familie**
how are you / how do you do - **hoe gaan dit**
no thanks - **nee dankie**
pleased to meet you - **aangename kennis, bly te kenne, bly om kennis te maak**
they are well thanks - **hulle is almal gesond, dankie**
until next time - **tot volgende keer**
well thank-you, and you - **goed dankie en met jou**

INTRODUCTIONS - BEKENDSTELLINGS

have you met - **ken julle mekaar**
may I introduce you to - **laat ek ... aan u voorstel**
pleased to meet you - **aangename kennis, bly om kennis te maak, bly te kenne**

APOLOGIES - VERSKONINGS

could you repeat it please (pardon) - **ekskuus**
excuse me please - **verskoon my asseblief, verskoon tog**
could you help me please - **kan u my asseblief help**
forgive me please - **vergewe my asseblief**
I am sorry - **dit spyt my, ek is regtig jammer**
I beg your pardon, excuse me - **ekskuus (tog)**
I must apologise - **ek moet om verskoning vra**
it's a pity - **dis jammer**
it's not my fault - **dis nie my skuld nie**
will you forgive me - **sal jy my vergewe**

THANKS - BEDANKINGS

don't mention it - **nie te danke nie**
I appreciate it - **ek waardeer dit**
it's a pleasure - **dis 'n plesier**
many thanks - **baie dankie**
thank you for your effort - **baie dankie vir u moeite**

INVITATIONS - UITNODIGINGS

do you feel like - **is jy lus vir**
what do you say.. - **hoe lyk dit**
won't you come in - **sal u nie binnekom nie**
won't you sit down - **sal u nie sit nie**
would you like to join me - **wil jy nie saamkom nie**

QUESTIONS - VRAE

are you married	**is jy getroud**
are you very busy	**is jy baie besig**
can I help you	**kan ek u help**
can you please tell me	**kan jy my asseblief vertel**
do you have children	**het u kinders**
do you speak Afrikaans	**praat jy Afrikaans**
how are you	**hoe gaan dit**
how come	**hoe so**
how is the family	**hoe gaan dit met die familie**
how long have you lived here	**hoe lank woon jy hier**
how much does it cost	**hoeveel kos dit**
may I go with	**mag ek saamgaan**
may I sit here	**mag ek hier sit**
may I see you for a minute please	**mag ek u 'n oomblik spreek asseblief**
please repeat it	**herhaal dit asseblief**
what are you studying	**wat studeer jy**
what do you mean	**wat bedoel jy**
what is the date	**die hoeveelste is dit vandag**
what is the matter	**wat makeer**
what is the time	**hoe laat is dit**
what is your name	**hoe/wat is jou naam**
what time is breakfast/lunch/dinner	**hoe laat eet ons ontbyt/middagete/aandete**
what's happening here	**wat gaan hier aan**
what's the matter	**wat makeer**
what's wrong	**wat is fout**
where did you go on holiday	**waar het jy vakansie gaan hou**
where do you come from	**waarvandaan kom jy**
will you do me a favour	**sal u my 'n guns bewys**

DIRECTIONS - RIGTINGS

cross the bridge	**loop/ry** *oor* **die brug**
go around the circle	**loop/ry** *om* **die sirkel**
go as far as the station	**loop/ry** *tot by* **die stasie**
go down the stairs	**loop** *by* **die trappe** *af*
go down the street	**loop/ry** *in* **die straat** *af*
go from Durban to Howick	**reis** *vanaf* **Durban** *na* **Howick**
go round the corner	**loop/ry** *om* **die hoek**
leave from the station	**vertrek** *van* **die stasie** *af*
next to the post office is	*langs* **die poskantoor is**
on the left/right side	*aan* **die linker-/regterkant**
turn left into Club St.	**draai links** *in* **Klubstraat** *in*
turn right into Club St.	**draai regs** *in* **Klubstraat** *in*

EMOTIONAL EXPRESSIONS - EMOSIONELE UITDRUKKINGS

HAPPINESS, JOY - VREUGDE
- that's fantastic - **dis fantasties**
- that's wonderful - **dis wonderlik**

WARNING - WAARSKUWING
- be careful, watch out - **pasop, oppas, wees versigtig**
- drive carefully - **ry veilig**

PAIN - PYN
- ouch - **eina**
- that hurts - **dis seer**

SURPRISE - VERBASING
- good heavens, gee whiz - **goeie genade/ genugtig/allawêreld/o gonna**

SYMPATHY - SIMPATIE
- I am really sorry - **ek is regtig jammer**
- I am so sorry to hear... - **ek is so spyt om te hoor**
- shame - **foei tog / sies tog**
- that's a pity - **dis jammer**
- that's terrible - **dis vreeslik**
- what a tragedy/disaster - **wat 'n tragedie/ramp**

COMFORT - VERTROOSTING
- don't worry - **toemaar, moenie bekommerd wees nie**
- it won't hurt - **dit sal nie seer wees nie**
- it's not so bad - **dis nie so erg nie**
- it's not the end of the world - **dis nie die einde van die wêreld nie**
- everything will be fine - **alles sal regkom**

CONGRATULATIONS - GELUKWENSING
- all the best - **alles van die beste**
- congratulations on your... - **veels geluk met jou...**
- good luck with the exam - **sterkte met die eksamen**
- happy birthday - **veels geluk met jou verjaardag gelukkige verjaardag**
- I am holding thumbs - **ek hou duimvas**
- lots of luck - **baie geluk**
- success - **voorspoed**
- well done - **knap gedaan, mooi so**

REFUSAL /DENIAL - WEIER/ONTKENNEND
- never - **nooit nie**
- it wasn't me - **dit was nie ek nie**
- that will be the day - **dit sal die dag wees**
- that's not true - **dis nie waar nie**

NUTTIGE WOORDESKAT - USEFUL VOCABULARY
SUMMARY OF CONTENTS

1	Months - Maande	97
2	Days of the Week - Dae van die Week	97
3	Seasons - Seisoene	97
4	Meals - Maaltye	97
5	Times of the Day - Tye van die Dag	97
6	Colours - Kleure	97
7	Family Members - Familielede	98
8	Rooms - Kamers	98
9	Furniture - Meubels	98
10	Appliances - Toestelle	98
11	Household Items - Huishoudelike Items	98
12	Clothes - Klere	99
13	Jewellery - Juweliersware	99
14	Food - Kos	99
15	Pets - Troeteldiere	100
16	Occupations - Beroepe	100
17	Parts of the Body - Liggaamsdele	101
18	Medical Matters - Mediese Sake	101
19	School - Skool	102
20	The Matric Dance - Die Matriekdans	102
21	Sport - Sport	103
22	Hobbies - Stokperdjies	103
23	The Teenage Years - Die Tienerjare	104
24	Everyone is different - Almal is Verskillend	104
25	Travel - Reis	105
26	Holiday at the Sea - Vakansie by die Strand	105
27	The Game Reserve - Die Wildtuin	106
28	The New South Africa - Die Nuwe Suid-Afrika	106
29	The Weather - Die Weer	107
30	The Environment - Die Omgewing	107
31	City Life - Stadslewe	108
32	Literary Terms - Literêre Terme	108
33	Useful Verbs - Nuttige Werkwoorde	109
34	Useful Adjectives - Nuttige Byvoeglike Naamwoorde	110
35	Words instead of 'Nice' - Woorde in plaas van 'Lekker'	111
36	Words from your Lessons - Woorde uit jou Lesse	112
	a. Geography - Aardrykskunde	
	b. History - Geskiedenis	
	c. Health/Life Science - Gesondheidsleer	113
	d. Biology - Biologie	
	e. Science - Wetenskap	114
	f. Mathematics - Wiskunde	
	g. Life Skills - Lewensvaardigheid	
37	Words for the New Millennium - Woorde vir die Nuwe Millennium	115

© Berlut Books

NUTTIGE WOORDESKAT
USEFUL VOCABULARY

MONTHS - MAANDE

January	**Januarie**
February	**Februarie**
March	**Maart**
April	**April**
May	**Mei**
June	**Junie**
July	**Julie**
August	**Augustus**
September	**September**
October	**Oktober**
November	**November**
December	**Desember**

DAYS OF THE WEEK - DAE VAN DIE WEEK

Sunday	**Sondag**
Monday	**Maandag**
Tuesday	**Dinsdag**
Wednesday	**Woensdag**
Thursday	**Donderdag**
Friday	**Vrydag**
Saturday	**Saterdag**

SEASONS - SEISOENE

spring	**die lente**
summer	**die somer**
autumn	**die herfs**
winter	**die winter**

MEALS - MAALTYE

breakfast	**ontbyt**
lunch	**middagete**
dinner/supper	**aandete**
tea-time	**teetyd**
snack	**peuselhappie**
cocktails	**skemerkelkie**

TIMES OF THE DAY - TYE VAN DIE DAG

afternoon	**middag**
day	**dag**
evening	**aand**
last week	**verlede week**
midday	**middag**
midnight	**middernag**
morning	**oggend/môre**
next week	**volgende, aanstaande week**
night	**nag**
sunrise/dawn	**sonop**
sunset/dusk	**sonsondergang**
the day before yesterday	**eergister**
the day after tomorrow	**oormôre**
today	**vandag**
tomorrow	**more**
weekend	**naweek**
yesterday	**gister**

COLOURS - KLEURE

beige	**beige**
black	**swart**
blue	**blou**
brown	**bruin**
cream	**room**
dark...	**donker ...**
gold	**goud**
green	**groen**
grey	**grys**
light...	**lig ...**
maroon	**bruinrooi**
navy blue	**donkerblou**
orange	**oranje**
pink	**pienk**
purple	**pers**
red	**rooi**
silver	**silwer**
white	**wit**
yellow	**geel**

© Berlut Books

FAMILY MEMBERS - FAMILIELEDE

aunt	**tante**
brother	**broer**
brother-in-law	**swaer**
cousin	**neef (m) en niggie (v)**
daughter	**dogter**
father	**vader, pa**
father-in-law	**skoonvader, skoonpa**
godfather	**peetvader**
godmother	**peetmoeder**
grandfather	**oupa**
grandmother	**ouma**
grandparents	**grootouers**
mother	**moeder, ma**
mother-in-law	**skoonmoeder, skoonma**
nephew	**(klein)neef, broerskind, susterskind**
niece	**(klein)niggie, broerskind, susterskind**
parents	**ouers**
sister	**suster**
sister-in-law	**skoonsuster**
son	**seun**
stepdaughter	**stiefdogter**
stepfather	**stiefvader**
stepmother	**stiefmoeder**
stepson	**stiefseun**
uncle	**oom**

ROOMS - KAMERS

attic	**solder**
balcony	**balkon**
basement	**kelder**
bathroom	**badkamer**
bedroom	**slaapkamer**
dining room	**eetkamer**
entrance hall	**portaal**
family room	**gesinskamer**
garage	**garage, motorhuis**
kitchen	**kombuis**
lounge	**sitkamer**
pantry	**spens**
passage	**gang**
spare room	**gastekamer**
study	**studeerkamer**
toilet	**toilet**
veranda	**stoep**

FURNITURE - MEUBELS

arm chair	**leunstoel**
bed	**bed, beddens**
bedroom suite	**slaapkamerstel**
carpet	**tapyt**
chair	**stoel**
couch	**bank**
desk	**lessenaar**
diningroom suite	**eetkamerstel**
lounge suite	**sitkamerstel**
paintings	**skilderye**
pictures	**prente**
table	**tafel**

APPLIANCES - TOESTELLE

alarm clock	**wekker**
cellphone	**selfoon**
freezer	**vrieskas**
fridge	**yskas**
hair dryer	**haardroër**
iron	**strykyster**
kettle	**ketel**
microwave oven	**mikrogolfoond**
razor	**skeermes**
stove	**stoof**
television	**televisie**
toaster	**broodrooster**
vacuum cleaner	**stofsuier**
video machine	**videomasjien**
washing machine	**wasmasjien**

HOUSEHOLD ITEMS - HUISHOUDELIKE ITEMS

blankets	**komberse**
crockery	**breekgoed, breekware**
cups	**koppies**
curtains	**gordyne**
cutlery	**eetgerei**
dirty crockery and cutlery	**skottelgoed**
forks	**vurke**
glasses	**glase**
knives	**messe**
lamp	**lamp**
pillows	**kussings**
plates	**borde**
saucers	**pierings**
sheets	**lakens**
spoons	**lepels**
teaspoons	**teelepels**
towels	**handdoeke**

© Berlut Books

CLOTHES - KLERE

belt	-	**gordel, belt**
blouse	-	**bloes**
boots	-	**stewels**
cap	-	**pet**
coat	-	**jas**
dress	-	**rok**
dressing gown	-	**kamerjas**
evening wear	-	**aanddrag**
gloves	-	**handskoene**
handbag	-	**handsak**
handkerchief	-	**sakdoek**
hat	-	**hoed**
jacket	-	**baadjie**
jeans	-	**jeans, denimbroek, denims**
jersey	-	**trui**
nightdress	-	**nagrok**
pantiehose	-	**kousbroekie**
pyjamas	-	**pajamas, nagklere**
raincoat	-	**reënjas**
sandals	-	**sandale**
shirt	-	**hemp**
shoes	-	**skoene**
shorts	-	**kortbroek**
skirt	-	**romp**
socks	-	**kouse, sokkies**
suit	-	**'n pak klere**
slacks	-	**slenterbroek**
scarf	-	**serp**
sportswear	-	**sportdrag**
sunglasses	-	**sonbril**
swimming costume	-	**baaikostuum, swembroek**
tackies	-	**seilskoene, tekkies**
tie	-	**das**
tracksuit	-	**sweetpak**
trousers	-	**langbroek, broek**
umbrella	-	**sambreel**
underpants	-	**onderbroek**

JEWELLERY - JUWELIERSWARE

bracelet, bangle	-	**armband**
brooch	-	**borsspeld**
chain	-	**ketting**
engagement ring	-	**verloofring**
locket	-	**hangertjie**
necklace	-	**halssnoer, halsketting**
pearls	-	**pêrels**
rings	-	**ringe**
watch	-	**horlosie**

FOOD - KOS

apples	-	**appels**
bananas	-	**piesangs**
biscuits	-	**koekies, beskuitjies**
bread	-	**brood**
butter	-	**botter**
cake	-	**koek**
candy floss	-	**spookasem**
cereals	-	**graanvlokkies**
cheese	-	**kaas**
chicken	-	**hoender**
chips	-	**aartappelskyfies**
chocolates	-	**sjokolade**
colddrink	-	**koeldrank**
cottage cheese	-	**maaskaas**
cream	-	**room**
crisps	-	**skyfies**
dessert	-	**nagereg, poeding**
eggs	-	**eiers**
fast food	-	**kitskos**
fish	-	**vis**
fruit	-	**vrugte**
fruit juice	-	**vrugtesap**
hamburgers	-	**hamburgers, frikkadelrolletjies**
hotdogs	-	**warmbrakke**
ice-cream	-	**roomys**
jam	-	**konfyt**
junk food	-	**gemorskos**
lollipop	-	**suigstokkie, suikerpop**
margarine	-	**margarien**
meat	-	**vleis**
milk	-	**melk**
oranges	-	**lemoene**
peanut butter	-	**grondboontjiebotter**
peanuts	-	**grondboontjies**
pizza	-	**pizza**
popcorn	-	**springmielies**
potatoes	-	**aartappels**
rusks	-	**boerebeskuit**
salad	-	**slaai**
sandwiches	-	**toebroodjies**
sausage rolls	-	**worsrolletjies**
snack	-	**peuselhappie**
soup	-	**sop**
sugar	-	**suiker**
sushi	-	**soesji**
sweets, candy	-	**lekkers, lekkergoed**
take away foods	-	**wegneemete**
toast	-	**roosterbrood**
vegetables	-	**groente**
yoghurt	-	**jogurt**

PETS - TROETELDIERE

bird	-	**voël**
budgie	-	**budjie**
canary	-	**kanarie**
cat	-	**kat**
dog	-	**hond**
frog	-	**padda**
goldfish	-	**goudvis**
guinea pig	-	**marmotjie**
hamster	-	**hamster**
horse	-	**perd**
kitten	-	**katjie**
monkey	-	**apie**
parrot	-	**papegaai**
pigeon	-	**duif**
puppy	-	**hondjie**
rabbit	-	**haas, konyn**
silkworm	-	**sywurm**
tortoise	-	**skilpad**

OCCUPATIONS - BEROEPE

accountant	-	**rekenmeester**
actor	-	**akteur, aktrise**
actuary	-	**aktuaris**
advertising agent	-	**adverteerder**
air hostess	-	**lugwaardin**
architect	-	**argitek**
artist	-	**kunstenaar**
astronaut	-	**ruimteman**
athlete	-	**atleet**
auditor	-	**ouditeur**
baker	-	**bakker**
barber	-	**haarkapper**
beautician	-	**skoonheidskundige**
builder	-	**bouer, boumeester**
businessman	-	**sakeman**
businesswoman	-	**sakevrou**
butcher	-	**slagter**
carpenter	-	**timmerman, skrynwerker**
chartered accountant	-	**geoktrooieerde rekenmeester**
chef	-	**sjef**
computer programmer	-	**rekenaarprogrammeerder**
constable	-	**konstabel**
cook	-	**kok**
dentist	-	**tandarts**
doctor	-	**dokter**
dressmaker	-	**kleremaker**
editor	-	**redakteur, redaktrise**
electrician	-	**elektrisiën**
engineer	-	**ingenieur**
environmentalist	-	**omgewingsbewaarder**
farmer	-	**boer**
fireman	-	**brandweerman**
flight engineer	-	**vlugingenieur**
florist	-	**bloemis**
game ranger	-	**wildbewaarder**
gardener	-	**tuinier**
hairdresser	-	**haarkapster**
housewife	-	**huisvrou**
journalist	-	**joernalis**
lawyer	-	**prokureur**
lecturer	-	**lektor, lektrise, dosent**
librarian	-	**bibliotekaresse**
manager	-	**bestuurder**
mechanic	-	**werktuigkundige**
miner	-	**mynwerker**
nurse	-	**verpleegster**
optometrist	-	**oogarts, oogkundige**
painter	-	**verwer**
photographer	-	**fotograaf**
physiotherapist	-	**fisioterapeut**
pilot	-	**loods, vlieënier**
plumber	-	**loodgieter**
policeman	-	**polisieman**
politician	-	**politikus**
postman	-	**posbode**
psychologist	-	**sielkundige**
racing driver	-	**renjaer**
receptionist	-	**ontvangsdame**
referee	-	**skeidsregter**
scientist	-	**wetenskaplike**
secretary	-	**sekretaris, sekretaresse**
security guard	-	**veiligheidswag**
shopkeeper	-	**winkelier**
singer	-	**sanger, sangeres**
soldier	-	**soldaat**
specialist	-	**spesialis**
sports coach	-	**afrigter**
stockbroker	-	**effektemakelaar**
surgeon	-	**snydokter, chirurg**
teacher	-	**onderwyser, onderwyseres**
technician	-	**tegnikus**
telephonist	-	**telefonis**
train driver	-	**masjinis**
travel agent	-	**reisagent**
typist	-	**tikster**
veterinarian	-	**veearts**
waiter, waitress	-	**kelner, kelnerin**

PARTS OF THE BODY - LIGGAAMSDELE

ankle	-	enkel
arm	-	arm
armpit	-	armholte
back	-	rug
bowels	-	derms
buttocks	-	boude
cheek	-	wang
chest	-	borskas
chin	-	ken
dimple	-	kuiltjie
ear	-	oor
elbow	-	elmboog
eye	-	oog
eyebrow	-	wenkbrou
eyelash	-	wimper
finger	-	vinger
forehead	-	voorkop
freckles	-	sproete
hair	-	hare
hand	-	hand
head	-	kop
heart	-	hart
heel	-	hak
hip	-	heup
joints	-	gewrigte
kidneys	-	niere
knee	-	knie
knuckles	-	kneukels
leg	-	been
lips	-	lippe
liver	-	lewer
lungs	-	longe
mouth	-	mond
nail	-	nael
navel	-	naeltjie
neck	-	nek
nose	-	neus
nostrils	-	neusgate
private parts	-	geslagsdele
pulse	-	polsslag
shoulder	-	skouer
shin	-	skeen
skin	-	vel
stomach	-	maag
teeth	-	tande
thigh	-	dybeen
thumb	-	duim
toe	-	toon
tongue	-	tong
waist	-	middel(lyf)
wrist	-	pols

MEDICAL MATTERS - MEDIESE SAKE

accident	-	ongeluk
ambulance	-	ambulans
anaesthetic	-	verdoofmiddel
appointment	-	afspraak
bandage	-	verband
cast (plaster of paris)	-	gipsverband
consult	-	spreek
consulting room	-	spreekkamer
crutches	-	krukke
dentist	-	tandarts
dentist's chair	-	tandartsstoel
diseases	-	siektes
doctor	-	dokter, geneesheer
dressing gown	-	kamerjas, japon
examine	-	ondersoek
flower arrangement	-	blommerangskikking
get well card	-	beterskapkaart
healthy	-	gesond
hospital	-	hospitaal
ICU	-	waakeenheid
injection	-	inspuiting
injured	-	beseer, seergemaak
injury	-	besering
instruments	-	instrumente
medicine	-	medisyne
nurse	-	verpleegster
operating theatre	-	operasieteater
operation	-	operasie
optometrist	-	oogarts, oogkundige
pain	-	pyn
pain killers	-	pyndoders
patient	-	pasiënt
pharmacist	-	apteker
pharmacy	-	apteek
physiotherapy	-	fisioterapie
pills	-	pille
prescription	-	voorskrif
pyjamas	-	pajamas, slaapklere
receptionist	-	ontvangsdame
sling	-	hangverband
slippers	-	pantoffels
specialist	-	spesialis
stethoscope	-	stetoskoop, gehoorpyp
surgeon	-	snydokter, chirurg
syringe	-	spuit
temperature	-	koors, temperatuur
therapy	-	geneeskuns, terapie
thermometer	-	koorspen(netjie)
treatment	-	behandeling
visitors	-	besoekers
waiting room	-	wagkamer
wheelchair	-	rolstoel
x-rays	-	x-strale

SCHOOL - SKOOL

assembly	(skool) byeenkoms
badge	wapen
blackboard	skryfbord
blazer	skoolbaadjie
break	pouse
boarding school	kosskool
calculator	sakrekenaar
chalk	kryt
classroom	klaskamer
cloakroom	kleedkamer
computers	rekenaars, kompers
desk	lessenaar, bank
eraser	uitveër
exams	eksamens
friends	vriende
glue	gom
high school	hoërskool
holidays	vakansies
homework	huiswerk, tuiswerk
inspector	inspekteur
kindergarten	kleuterskool
languages	tale
marks	punte
pencil	potlood
period	periode
playground	speelterrein
prefects	prefekte
primary school	primêre skool, laerskool
principal	prinsipaal, skoolhoof
punishment	strafwerk
pupils	leerlinge
report	rapportkaart
ruler	liniaal
sandwiches	toebroodjies
school bag	boeksak, tas
school hall	skoolsaal
school uniform	skooluniform, skooldrag
sharpener	skerpmaker
sportsfields	sportgronde
stationery	skryfbehoeftes
subjects	vakke
teacher (f)	onderwyseres, juffrou
teacher (m)	onderwyser, meneer
term	kwartaal, termyn
test	toets
timetable	rooster
the bell rings	die klokkie lui
tuckshop	snoepwinkel
worksheet	werkblad

THE MATRIC DANCE - DIE MATRIEKDANS

after-party	napartytjie
ballroom	danssaal
ballgown	aandrok
band	orkes
before-party	voorpartytjie
bouquet	ruiker
bow tie	strikdas
button hole (carnation)	ruikertjie, angelier
dance committee	danskomitee
décor	dekor
decorate	versier
decorations	versierings
desert	nagereg
highlight	hoogtepunt
discotheque	diskoteek
emotional	emosioneel
evening wear	aanddrag
evening suit (tuxedo)	aandpak
eventually	uiteindelik
excited	opgewonde
exciting	opwindend
exhausted	uitgeput
expensive	duur
fairy tale	sprokie, feëverhaal
farewell	afskeid
formal	formeel
hall	saal
hors d'oeuvre	voorgereg
invitation	uitnodiging
invite	uitnooi
look forward to	sien uit na
magic night	sprokiesaand
main course	hoofgereg
make-up	grimering
matric year	matriekjaar
menu	spyskaart
music choice	musiekkeuse
nervous	senuweeagtig
organisers	organiseerders
outfit	uitrusting
partner	metgesel, maat
photo's	foto's
romantic	romanties
smart	deftig
sociable	gesellig
social evening/party	geselligheid
suit	'n pak klere
traditional	tradisioneel
unforgettable	onvergeetlik

SPORT - SPORT

athlete	atleet
athletic track	atletiekbaan
body	liggaam
captain	kaptein
character	karakter
coach	afrigter
competition	kompetisie
cricket	krieket
cycling	fietsry
different	verskillende
enrich lives	verryk lewens
fan	bewonderaar
fast	vinnig
fit	fiks
friendships	vriendskappe
golf	gholf
healthy	gesond
hockey	hokkie
like	jy hou van sport
listen to	jy luister na sport
lose	verloor
losers	verloorders
love	jy is lief vir krieket
match	wedstryd
netball	netbal
offers	ons skool bied aan
participate	jy neem deel aan
player	speler, speelster
referee	skeidsregter
rugby	rugby
score	telling
spectators	toeskouers
sportsfields	sportvelde
sportsman	sportman
sportsmanship	sportmanskap
sporty	sportief
squash	muurbal
supporter	ondersteuner
swim/ swimming	swem
swimming pool	swembad
tabletennis	tafeltennis
team	span
team members	spanlede
tennis	tennis
tennis court	tennisbaan
trophy	beker
watch	jy kyk na sport
win	wen
winners	wenners

HOBBIES - STOKPERDJIES

art	kunswerk
CD's	CD's
beading	kralewerk
bicycle	fiets
calligraphy	kalligrafie
carpentry	houtwerk
chess	skaak
coins	muntstukke
collect	versamel
collection	versameling
comics	strokiesboeke, strokiesprente
computer	rekenaar, komper
cycling	fietsry
darts	pyltjies
DVD's	DVD's
ice-skating	ysskaats
internet	internet
jogging	draf
knit	brei
knitting	breiwerk
listen to	luister na
magazines	tydskrifte
movies	rolprente, fliek, bioskoop
mozaics	mosaïek
music	musiek
newspaper	koerant, nuusblad
photography	fotografie
popmusic	popmusiek
postcards	poskaarte
posters	plakkate
pottery	pottebakkery
puzzles	legkaarte
radio	radio
reading	lees
remote controlled cars	radiobeheermotors
rollerblading	rollemskaats
rollerskating	rolskaats
scrapbooking	plakboekkuns
sewing	naaldwerk
sport	sport, sportsoorte
stamps	posseëls
stickers	plakkers
television	televisie
video	video (band)
watch (v)	kyk na
I like...	ek hou van ...
I like to...	ek hou daarvan om ... te (verb)
I love ...	ek is lief vir ...
I watch tv.	ek kyk televisie
I watch sport on tv.	ek kyk na sport op die tv.

THE TEENAGE YEARS - DIE TIENERJARE

acne, pimples	**aknee, puisies**
alcohol	**alkohol**
anorexia	**dieetsiekte**
appetite	**eetlus**
boyfriend	**kêrel**
bulimia	**bulimie**
carefree years	**sorgvrye, sorglose jare**
change	**verandering**
cigarettes	**sigarette**
clothes conscious	**klerebewus**
confidence	**vertroue**
development	**ontwikkeling**
difficult	**moeilik**
drug addict	**dwelmslaaf**
drugs	**dwelmmiddels, dwelms**
emotional	**emosioneel**
exciting	**opwindend**
experiment	**eksperimenteer**
fashionable	**in die mode, modieus**
friends	**vriende, vriendinne**
fun-filled	**prettige**
generation	**geslag**
get-togethers	**byeenkomste**
girlfriend	**nooi, meisie**
going steady	**gekys**
guys and girls	**kêrels en nooiens**
important	**belangrik**
influence	**invloed**
influential	**invloedryk**
interests	**belangstellings**
make-up	**grimering**
negative	**negatief**
obsessed with boys, girls	**'kop is vol muisneste'**
old-fashioned	**ouderwets, outyds**
parties	**partytjies**
peer group	**portuurgroep**
pop-music	**popmusiek**
pressure	**druk**
problems	**probleme**
puberty	**puberteit**
self-conscious	**selfbewus**
self-confidence	**selfvertroue**
skin problems	**velprobleme**
smoking	**rook**
sociable	**gesellig**
the 'in-thing'	**die 'in-ding'**
victims	**slagoffers**
weight	**gewig**

EVERYONE IS DIFFERENT - ALMAL IS VERSKILLEND

ability	**vermoë**
achievement	**prestasie**
appearance	**voorkoms**
aspirations	**begeertes**
attitudes	**houdings**
beliefs	**oortuigings**
career choice	**beroepskeuse**
character	**karakter**
colour	**kleur**
confidence	**selfvertroue**
creed	**geloof**
culture	**kultuur**
dreams	**drome**
economic status	**ekonomiese status**
education	**opvoeding**
emotions	**gevoelens**
expectations	**verwagtinge**
features	**gelaatstrekke**
gender	**geslag**
goals	**doelwitte**
habits	**gewoontes**
ideologies	**ideologieë**
interests	**belangstellings**
language	**taal**
life-style	**lewenstyl**
likes/dislikes	**voorkeure/afkeure**
mannerisms	**maniertjies**
nationality	**nasionaliteit**
personality	**persoonlikheid**
physique	**liggaamsbou**
profession	**beroep, loopbaan**
qualities	**eienskappe**
race	**ras**
religion	**godsdiens**
self-esteem	**selfbeeld**
sensitivity	**gevoeligheid**
social status	**sosiale status**
strengths	**sterktes**
training	**opleiding**
values	**waardes**
weaknesses	**swakhede**

TRAVEL - REIS

accommodation	akkommodasie, verblyf
aeroplane	vliegtuig
air travel	lugreis
arrangements	reëlings
arrival	aankoms
arrive	arriveer
backpack (v)	pakstap
backpack (n)	rugsak
by plane, ship	per vliegtuig/skip
camera	kamera
car	motor
depart	vertrek
economy class	ekonomiese klas
entertainments	vermaaklikhede
exciting	opwindende
expenses	onkoste
experiences	ondervindings, ervarings
first class	eersteklas
friendships	vriendskappe
holidays	vakansies
hotels	hotelle
interesting	interessant
journey	reis
local	plaaslike
luggage	bagasie
organise	organiseer
overseas	oorsee
pack	pak
passengers	passasiers
passport	paspoort
photo	foto
relax	ontspan
reserve, book	bespreek
restaurants	restourante, restaurante
sights	besienswaardighede
sight-seeing tour	kykrit
stay (at)	bly, vertoef, gaan tuis by
stimulating	stimulerend, prikkelend
tour	toer
tourists	toeriste
travel agent	reisagent
travel tickets	reiskaartjies
travellers cheques	reisigerstjeks
visas	visums
youth hostel	jeuglosieshuis

HOLIDAY AT THE SEA - VAKANSIE BY DIE STRAND

bathing costume	swembroek, baaikostuum
beach	strand
beach chair	seilstoel
beachball	strandbal
beach cottage	strandhuis
boat	boot
bucket & spade	emmer en graaf
colddrinks	koeldranke
crabs	krappe
fishing	visvang
fishing rod	visstok
flippers	swemvoete
fun-filled	prettig
harbour	hawe
holiday resort	rusoord, vakansie-oord
ice-cream	roomys
life-guard	strandwag
lighthouse	vuurtoring
motor boat	motorboot
refreshments	verversings
relax	ontspan
rocks	rotse
rock pool	rotspoel
sailing boat	seilboot
sand castles	sandkastele
sandwiches	toebroodjies
sea weed	seegras
sea sand	seesand
seagulls	seemeeue
sharks	haaie
shells	skulpe
ship(s)	skip, skepe
sunburn	sonbrand
sunglasses	'n sonbril
sun hat	sonhoed
sunscreen (block-out)	sonskerm
sunstroke	sonsteek, hitte-uitslag
suntan	sonbruin, bruingebrand
surf	branderplankry
swim	swem
swimming pool	swembad
tanning cream	sonbrandroom
towel	handdoek
umbrella	sambreel
water skiier	waterskiër
waves	branders, golwe

THE GAME RESERVE - DIE WILDTUIN

animals	diere
animal sounds	dieregeluide
'Big Five'	'Groot Vyf'
a 'kill'	'n slagting
baboon	bobbejaan
barbecue	braaivleis
binoculars	'n verkyker
birds	voëls
bonfire	vreugdevuur
buck	bokke
bushes	bosse, bosveld
camera	kamera
campfire	kampvuur
camps	ruskampe
car	motor
caravan	woonwa, karavaan
crocodiles	krokodille
different	verskillende
drive slowly	ry stadig
early	vroeg
elephants	olifante
food in car	padkos
game ranger	wildbewaarder
game spotting	kykrit
giraffes	kameelperde
hippopotomus	seekoei
kill	slag, doodmaak
lions	leeus
map	landkaart
monkeys	apies
pamphlets	pamflette
refreshments	verversings
relax	ontspan
reservation	bespreking
restaurant	restourant, restaurant
rhinoceros	renoster
river	rivier
rondavels	rondawels
sand roads	sandpaaie
shop	winkel
sociable	gesellig
thatched roof	grasdak
to camp	kampeer
trees	bome
viewing point	uitkykpunt
zebra	sebra

THE NEW SOUTH AFRICA - DIE NUWE SUID-AFRIKA

affirmative action	herstelaksie, regstellende aksie
apartheid	apartheid
changes	veranderings
co-existence	samelewing
communities	gemeenskappe
confidence	vertroue
crime	misdaad
democracy	demokrasie
democratic elections	demokratiese verkiesings
development	ontwikkeling
different	verskillend, anders
disadvantaged	minderbevoorregte
discrimination	diskriminasie
education	opvoeding, opleiding, onderwys
employment	werkverskaffing, werk
equal	gelyk, dieselfde
future	toekoms
high-jackings	motorskakings
housing	behuising, huisvesting
international	internasionale
job seekers	werksoekers
jobs	werk
leaders	leiers
nation building	nasiestigting
negative	negatief
new era	nuwe tydperk
opportunities	geleenthede
past	verlede
peace	vrede, kalmte
peaceful	vreedsaam
political parties	politieke partye
politicians	politikusse, politici
positive	positief
racial groups	rassegroepe
rape	verkragting
religions	gelowe
rights	regte
robberies	rooftogte, roofaanvalle
solutions	oplossings
sports arena	sportarena
trade boycott	handelsboikot
transitional period	oorgangstydperk
uneducated	onopgevoed, ongeletterd
unemployed	werkloos
violence	geweld
water and lights	water en ligte
xenophobia	xenofobie

© Berlut Books

THE WEATHER - DIE WEER

autumn	die herfs
breeze	briesie
clouds	wolke
cloudy, overcast	bewolk, betrokke
cold	koud (yskoud)
conditions	toestande
cool	koel
dew	dou
drizzling	motreën
drought	droogte
floods	oorstromings, vloede
fog, mist	newel, mis
freezing	ysig, yskoud
freezing point	yspunt
frost	ryp
gumboots	waterstewels
hail	hael
hail storm	haelstorm
hailstones	haelkorrels
heat	hitte
hot	warm
ice, icy	ys, ysig
light	ligte
lightning	weerlig, bliksemstrale, blitse
mild	matig
partly	gedeeltelik
possibility	moontlikheid
rain	reën
rain showers	reënbuie
rainbow	reënboog
raincoat	reënjas
seasons	seisoene
snow	sneeu
snowy weather	sneeuweer
spring	die lente
storms, stormy	storms, stormagtig
sultry	drukkend, bedompig
summer	die somer
sun, sunny	son, sonnig
sweltering heat	snikwarm, skroeihitte
temperature	temperatuur
thermometer	termometer, koorspen
thunder	donderslae, donderweer
thundershowers	donderbuie
umbrella	sambreel
weather bureau	weerburo
weather forecast	weervoorspelling
weather forecaster	weervoorspeller
whirlwind	dwarrelwind
wind, windy	wind, winderig
winter	die winter

THE ENVIRONMENT - DIE OMGEWING

acid rain	suurreën
annihilation	vernietiging
atmosphere	atmosfeer
birth rate	geboortetempo
CFC's	CFC's
changes	veranderings
conservation	bewaring
conservationist	omgewingsbewaarder
conserve	bewaar
deforestation	uitroeiing van woude
destruction of our planet	verwoesting van ons planeet
drought	droogte
earth's temperature	aarde se temperatuur
ecology	ekologie
environment	omgewing, milieu
environmentally friendly	omgewingsgunstig, omgewingsvriendelik
extinction	uitwissing
floods	oorstromings
flora and fauna	plant-en dierelewe
fossil fuels	fossielbrandstowwe
future	toekoms
generations	geslagte
greenhouse effect	kweekhuiseffek
heatwaves	hittegolwe
hole	gat, gaatjie
litter	rommel
litterer	rommelstrooier, morsjors
nature	natuur
overpopulation	oorbevolking
ozone friendly	osoonvriendelik
ozone layer	osoonlaag
poisonous	giftig
pollute	besoedel, bevuil
pollution	besoedeling, bevuiling
problems	probleme
rainforests	reënwoude
recycle	herwin, hergebruik
responsible	verantwoordelik
scientists	wetenskaplikes
smog	rookmis
smoke	rook
survival	oorlewing
weather patterns	weerpatrone

CITY LIFE - STADSLEWE

airport	-	**lughawe**
apartment	-	**woonstel**
arcade	-	**(winkel)gang**
architecture	-	**argitektuur**
bank	-	**bank**
billboard	-	**advertensiebord**
bridge	-	**brug**
building	-	**gebou**
bus station	-	**bushalte**
church	-	**kerk**
cinema	-	**rolprentteater**
city council	-	**stadsraad**
city hall	-	**stadsaal**
clothing store	-	**klerewinkel**
downtown	-	**sakesentrum**
harbour	-	**hawe**
hawker	-	**smous**
hospital	-	**hospitaal**
hotel	-	**hotel**
industry	-	**nywerheid**
laundromat	-	**wassery**
mayor	-	**burgemeester**
mosque	-	**moskee**
neon light	-	**neonlig**
newspaper vendor	-	**koerantverkoper**
parking space	-	**parkering**
park	-	**park**
pedestrian	-	**voetganger**
pedestrian crossing	-	**voetgangersoorgang**
police station	-	**polisiestasie**
post office	-	**poskantoor**
power station	-	**kragstasie**
public library	-	**openbare biblioteek**
public toilet	-	**openbare toilet**
railway station	-	**spoorwegstasie**
restaurant	-	**restaurant**
road	-	**pad, straat**
school	-	**skool**
shopping centre	-	**winkelsentrum**
shop	-	**winkel**
skyscraper	-	**wolkekrabber**
sports facilities	-	**sportgeriewe**
suburb	-	**voorstad**
subway	-	**duikweg**
supermarket	-	**supermark**
swimming pool	-	**swembad**
synagogue	-	**sinagoge**
theatre	-	**teater**
traffic	-	**verkeer**
traffic light	-	**verkeerslig**
water reservoir	-	**wateropgaartenk**

LITERARY TERMS - LITERÊRE TERME

(See pgs. 85 - 90 - Letterkunde)

actions	-	**optredes**
age	-	**ouderdom**
alliteration	-	**alliterasie**
appearance	-	**voorkoms**
assonance	-	**assonansie**
atmosphere	-	**atmosfeer**
character development	-	**karakterontwikkeling**
character sketch	-	**karaktersket**
characters	-	**karakters**
compare	-	**vergelyk**
description	-	**beskrywing**
diction	-	**woordkeuse**
drama	-	**drama**
dress	-	**kleredrag**
events	-	**gebeure**
examples	-	**voorbeelde**
fiction	-	**fiksie**
ideas	-	**idees**
imagery	-	**beeldspraak**
intention	-	**bedoeling**
ironic	-	**ironies**
language usage	-	**taalgebruik**
lines	-	**reëls**
mannerisms	-	**gebare**
metaphor	-	**metafoor**
mood	-	**luim**
narrative	-	**verhaal**
non-fiction	-	**nie fiksie**
novel	-	**roman**
onomatopoeia	-	**onomatopee**
personality	-	**persoonlikheid**
personification	-	**personifikasie**
pace	-	**pas**
play	-	**toneelstuk**
plot	-	**knoop**
poetry	-	**poësie**
protagonist	-	**hooffiguur**
qualities	-	**eienskappe**
quotation	-	**aanhaling**
quote	-	**haal aan**
rhyme	-	**rym**
rhythm	-	**ritme**
setting	-	**agtergrond**
short story	-	**kortverhaal**
simile	-	**vergelyking**
social class	-	**sosiale klas**
strengths/weaknesses	-	**sterktes en swakhede**
style	-	**styl**
themes and sub-themes	-	**temas en onder-temas**
title	-	**titel**
tone	-	**toon**

USEFUL VERBS - NUTTIGE WERKWOORDE

admire	- bewonder
afford	- bekostig
agree	- stem saam
allow	- toelaat
am	- is
amaze	- verbaas
ask	- vra
awake	- word wakker
believe	- glo
bother (disturb)	- pla
brush	- borsel
build	- bou
buy	- koop
call	- roep
care for	- sorg vir
carry	- dra
catch	- vang
celebrate	- vier
cheat	- kul
cook	- kook
count	- tel
crash (into)	- bots teen
cry	- huil
cut	- sny
cycle	- fietsry
dance	- dans
decide	- besluit
depart	- vertrek
die	- sterf, doodgaan
dive	- duik
do	- doen
draw	- teken
dress	- trek aan
drink	- drink
drive	- ry, bestuur
drown	- verdrink
eat	- eet
eat (animal)	- vreet
enjoy	- geniet
escape	- ontsnap
examine	- ondersoek
find	- vind
fly	- vlieg
forget	- vergeet
gamble	- dobbel
get	- kry, ontvang
give	- gee
go	- gaan
hate	- haat
have	- het
hear	- hoor
hit	- slaan
invite	- uitnooi
iron	- stryk
jog	- draf
joke	- grap
jump	- spring
kick	- skop
kiss	- soen
laugh	- lag
learn	- leer
lie (tell)	- lieg
lie (down)	- lê
like	- hou van
listen	- luister na
live	- woon
live (to be alive)	- lewe
look at	- kyk na
look for	- soek na
lose	- verloor
love	- lief vir
marry	- trou met
meet	- ontmoet
must	- moet
paint	- verf
paste in	- plak in
pay	- betaal
play	- speel
practise	- oefen
prepare	- berei voor (voorberei)
punish	- straf
push	- stoot
put	- sit
reach	- bereik
read	- lees
relax	- ontspan
reply	- antwoord
rest	- rus
reward	- beloon
ride	- ry
rings (bell)	- lui
run	- hardloop
save	- spaar
say	- sê
see	- sien
sell	- verkoop
shop	- doen inkopies
sit	- sit
sleep	- slaap
smell	- ruik
smile	- glimlag
spend	- spandeer
steal	- steel
stick	- plak in
study	- studeer
support	- ondersteun
swim	- swem
take	- neem
talk	- praat met
taste	- smaak, proe
telephone	- bel, skakel
tell	- vertel
throw	- gooi
touch	- raak
tour	- toer
travel	- reis
try	- probeer
undress	- trek uit
use	- gebruik
visit	- besoek
vomit	- braak, opgooi
vote (for)	- stem vir
wait	- wag
walk	- loop, stap
want	- wil ... hê
warn	- waarsku
wash	- was
waste	- verkwis, mors
watch	- kyk na
wear	- dra, trek aan
will	- sal
wish	- wens
work	- werk
worry	- bekommer
write	- skryf

USEFUL ADJECTIVES - NUTTIGE BYVOEGLIKE NAAMWOORDE

The attributive adjectival form is given: **Die man is angstig - Die angstige man** (see pg. 58)

anxious, afraid	**angstige**
amazing	**verbasende, wonderlike**
artistic	**kunstige, artistieke**
alive	**lewende**
bad	**slegte**
beautiful	**mooi, pragtige, skone**
big	**groot**
blind	**blinde**
brave	**dapper, moedige**
broken	**gebreekte, stukkende, 'n gebroke (hart)**
boring	**vervelige**
careful	**versigtige**
casual	**informele**
chaotic	**chaotiese, deurmekaar**
cheap	**goedkoop**
cheerful	**lughartige, opgeruimde, vrolike**
clever	**slim**
cold	**koue**
colourful	**kleurige, kleurryke**
comfortable	**gerieflike**
cosy	**gesellige**
cruel	**wrede**
curious	**nuuskierige**
dangerous	**gevaarlike**
dark	**donker**
dead	**dooie**
deaf	**dowe**
delightful	**genotvolle**
delicious	**lekker, smaaklike, heerlike**
difficult	**moeilike**
diligent	**ywerige**
dry	**droë**
early	**vroeë**
easy	**maklike**
educational	**opvoedkundige**
entertaining	**vermaaklike**
enjoyable	**genotvolle**
excellent	**uitstekende, voortreflike**
exciting	**opwindende**
expensive	**duur**
famous	**beroemde**
fantastic	**fantastiese**
far	**ver**
fast	**vinnige**
fat	**vet**
flat	**plat**
glad	**bly**
good	**goeie, soet**
good taste	**smaakvolle (klere ens.)**
guilty	**skuldige**
friendly	**vriendelike**
fun-filled	**genotvolle, prettige**
funny	**snaakse**
handsome	**mooi, aantreklike**
happy	**gelukkige**
healthy	**gesonde**
high	**hoë**
honest	**eerlike**
hot	**warm**
huge	**reusagtige**
hungry	**honger**
interesting	**interessante**
jealous	**jaloerse**
kind	**goedhartige**
lazy	**lui**
light	**ligte**
lively	**lewendige, lewenslustige**
local	**plaaslike**
lonely	**eensame**
loving	**lieftallige, liefhebbende**
lovely	**lieflike, heerlike, pragtige**
low	**lae**
lucky	**gelukkige**
modern	**moderne**
narrow	**smal**
naughty	**stoute**
neat	**netjiese**
new	**nuwe**
nice (person)	**gawe**
old	**ou**
peaceful	**vreedsame, rustige**
pleasant	**aangename**
pleasurable	**plesierige, aangename**
polite	**hoflike, beleefde**
poor (no money)	**arm, armoedige**
poor (shame)	**arme**
popular	**gewilde, populêre**
powerful	**kragtige**
precious	**kosbare**
precious	**kosbare**
pretty	**mooi, pragtige, skone**
proud	**trotse**
reliable	**betroubare**
religious	**godsdienstige**
rich	**ryk**

ADJECTIVES CONTINUED

rotten	-	**vrot**
rough	-	**growwe**
rude	-	**onbeskofte**
sad	-	**ongelukkige, treurige**
safe	-	**veilige**
scared	-	**bang**
short	-	**kort**
sick	-	**siek**
slow	-	**stadige**
small	-	**klein**
smooth	-	**gladde**
special	-	**spesiale**
strict	-	**streng**
strong	-	**sterk**
stupid	-	**dom, onnosel**
successful	-	**suksesvolle**
talented	-	**talentvolle**
tall	-	**lank**
tasty	-	**smaaklike**
thin	-	**maer**
thirsty	-	**dors**
thrilling	-	**opwindende**
tired	-	**moeë**
ugly	-	**lelike**
untidy	-	**slordige**
usual, common	-	**gewone, alledaagse**
volatile	-	**opvlieënde**
weak	-	**swak**
wealthy	-	**welgestelde**
well known	-	**bekende**
wide	-	**wye**
wild	-	**woeste, verwilderde**
wise	-	**wyse, verstandige, raadsame**
wonderful	-	**wonderlike**
wordless	-	**sprakelose**
worthy	-	**waardige, verdienstelike**
wrinkled	-	**verrimpelde**
youthful	-	**jeugdige**

WORDS INSTEAD OF 'NICE' ('LEKKER')

FOOD - KOS
nice	-	**lekker**
delicious, tasty	-	**smaaklike, heerlike**

CLOTHES - KLERE
smart	-	**deftige**
casual	-	**informele, slenterdrag**
fashionable	-	**modedrag, fatsoenlike, modieuse**
tasteful	-	**smaakvolle**

PEOPLE - MENSE
nice	-	**gaaf, gawe**
interesting	-	**interessante**
friendly	-	**vriendelike**
kind	-	**goedhartige, goedgeaarde, goedgesinde**
helpful	-	**behulpsame**
fun-loving	-	**prettige, pretliewende**
funny	-	**snaakse**
wonderful	-	**wonderlike**
outstanding	-	**voortreflike**
special	-	**spesiale**

SCHOOLS ETC. - SKOLE ENS.
good	-	**goeie**
wonderful	-	**wonderlike**
excellent, outstanding	-	**uitstekende, voortreflike, uitmuntende**
first class	-	**eersteklas**

ENTERTAINMENT - VERMAAK
exciting	-	**opwindende**
entertaining	-	**vermaaklike**
enjoyable	-	**aangename, prettige, genotvolle**
pleasurable	-	**plesierige**

WORDS FROM YOUR LESSONS - WOORDE UIT JOU LESSE

GEOGRAPHY - AARDRYKSKUNDE

Africa	-	**Afrika**
agriculture	-	**landbou**
America	-	**Amerika**
Asia	-	**Asië**
Antarctic	-	**Antartika**
Arctic	-	**Noordpool**
Atlantic Ocean	-	**Atlantiese Oseaan**
Australia	-	**Australië**
city	-	**stad**
climate	-	**klimaat**
community	-	**samelewing**
continent	-	**vasteland**
country	-	**land**
currency	-	**geldeenheid**
current	-	**stroom**
desert	-	**woestyn**
eclipse	-	**verduistering**
employment	-	**werkverskaffing**
equator	-	**ewenaar**
equinox	-	**dag-en-nag-ewening**
Europe	-	**Europa**
farming	-	**boerdery**
hemisphere	-	**halfrond**
Indian Ocean	-	**Indiese Oseaan**
industry	-	**nywerheid**
inhabitant	-	**inwoner**
island	-	**eiland**
language	-	**taal**
latitude	-	**breedte**
longitude	-	**lengte**
Mediterranean Sea	-	**Middellandse See**
mountain	-	**berg**
occupation	-	**beroep**
ocean	-	**oseaan**
Pacific Ocean	-	**Stille Oseaan**
pollution	-	**besoedeling**
population	-	**bevolking**
rainfall	-	**reënval**
rain forests	-	**reënwoud**
savannah	-	**grasvlakte**
season	-	**seisoen**
settlement	-	**volksplanting**
solstice	-	**sonnestilstand**
temperature	-	**temperatuur**
tropical	-	**tropies**
urbanisation	-	**verstedeliking**
valley	-	**vallei**
vegetation	-	**plantegroei**
village	-	**dorpie**

HISTORY - GESKIEDENIS

ancestor	-	**voorouer**
ancient	-	**antiek, oud**
anthropologist	-	**antropoloog**
archaeologist	-	**argeoloog**
archaeology	-	**argeologie**
army	-	**leër**
artifact	-	**kunsproduk**
battle	-	**veldslag**
cavemen	-	**grotbewoners**
civilisation	-	**beskawing**
colonisation	-	**kolonisasie**
conquest	-	**oorwinning**
custom	-	**gebruik**
descendent	-	**afstammeling**
discoverer	-	**ontdekker**
discovery	-	**ontdekking**
empire	-	**koninkryk**
evidence	-	**getuienis**
extinct	-	**uitgestorwe**
forefather	-	**voorvader**
fossil	-	**fossiel**
government	-	**regering**
historian	-	**historikus**
invention	-	**uitvinding**
Middle Ages	-	**Middeleeue**
monarchy	-	**monargie**
period	-	**tydperk**
philosophy	-	**filosofie**
pioneer	-	**baanbreker**
pre-historic	-	**pre-histories**
Reformation	-	**Hervorming**
religion	-	**godsdiens**
Renaissance	-	**Renaissance**
revolution	-	**rewolusie**
route	-	**roete**
slavery	-	**slawerny**
soldier	-	**soldaat**
source	-	**bron**
timeline	-	**tydlyn**
trade	-	**handel**
traditional	-	**tradisioneel**
voyages	-	**reise**
war	-	**oorlog**

© Berlut Books

WORDS FROM YOUR LESSONS - WOORDE UIT JOU LESSE

HEALTH/LIFE SCIENCE - GESONDHEIDSLEER

balanced diet	-	**gebalanseerde dieet**
blood	-	**bloed**
carbohydrate	-	**koolhidraat**
carbon dioxide	-	**koolsuurgas**
cell	-	**sel**
circulation	-	**(bloeds)omloop**
cleanliness	-	**sindelikheid**
dairy products	-	**suiwelprodukte**
deficiency	-	**tekort**
development	-	**ontwikkeling**
digestion	-	**vertering**
disease	-	**siekte, kwaal**
energy	-	**energie**
excretion	-	**uitskeiding**
exercise	-	**oefening**
fibre	-	**vesel**
growth	-	**groei**
healthy	-	**gesond**
hygiene	-	**higiëne**
immunisation	-	**immunisering**
inoculation	-	**inenting**
medication	-	**medikasie**
medicine	-	**medisyne**
membrane	-	**membraan**
mental	-	**geestelik**
mineral salts	-	**minerale sout**
moderation	-	**matigheid**
muscle	-	**spier**
nerve	-	**senuwee**
nourishment	-	**voedingskrag**
nutrition	-	**voeding**
oxygen	-	**suurstof**
physical	-	**fisies**
protein	-	**proteïen, proteïne**
puberty	-	**puberteit**
respiration	-	**asemhaling**
roughage	-	**veselkos**
senses	-	**sintuie**
sight	-	**sig**
skin	-	**vel**
vegetable	-	**groente**
vision	-	**sig**
vitamin	-	**vitamien**

BIOLOGY - BIOLOGIE

abdomen	-	**maag**
adaptation	-	**verwerking**
amphibian	-	**tweeslagtig**
arachnid	-	**spinagtig**
bird	-	**voël**
camouflage	-	**vermomming**
carnivore	-	**vleiseter**
cephalothorax	-	**kopborsstuk**
chlorophyll	-	**chlorofil**
conservation	-	**bewaring**
crustacean	-	**skaaldier**
dicotyledon	-	**tweesaadlobbig**
division	-	**verdeling**
evolution	-	**ewolusie**
fish	-	**vis**
flora and fauna	-	**plant-en dierewêreld**
habitation	-	**bewoning**
herbivore	-	**planteter**
hermaphrodite	-	**dubbelslagtig**
insect	-	**insek**
invertebrate	-	**ongewerwel(d)**
locomotion	-	**beweging**
mammal	-	**soogdier**
marsupial	-	**buideldier**
membrane	-	**membraan**
monocotyledon	-	**eensaadlobbig**
nocturnal	-	**nagtelik**
omnivore	-	**alleseter**
parasite	-	**parasiet**
photosynthesis	-	**fotosintese**
predator	-	**roofdier**
primate	-	**primaat**
reproduction	-	**voortplanting**
reptile	-	**reptiel**
respiration	-	**asemhaling**
rodent	-	**knaagdier**
scavenger	-	**aasvreter**
skeleton	-	**geraamte**
stigmata	-	**vlekke, gaatjies**
stomata	-	**huidmondjies**
symbiosis	-	**saamlewing**
thorax	-	**borskas**
vertebrate	-	**werweldier**

WORDS FROM YOUR LESSONS - WOORDE UIT JOU LESSE

SCIENCE - WETENSKAP

apparatus	-	apparaat
aquarium	-	akwarium
atom	-	atoom
carbon dioxide	-	koolsuurgas
chemical	-	chemies
conclusion	-	gevolgtrekking
contraction	-	saamtrekking
cylinder	-	silinder
definition	-	definisie
density	-	digtheid
diagram	-	diagram
distillation	-	distillasie
electricity	-	elektrisiteit
energy	-	energie
equipment	-	toerusting
expansion	-	toename
experiment	-	eksperiment
force	-	krag
formula	-	formule(s)
gas	-	gas
glass tubing	-	glasbuis
hydrogen	-	waterstof
instrument	-	instrument
laboratory	-	laboratorium
liquid	-	vloeistof
measurement	-	maat
method	-	metode
molecule	-	molekule
nitrogen	-	stikstof
observation	-	waarneming
oxygen	-	suurstof
particle	-	deeltjie
pollution	-	besoedeling
pressure	-	druk
property	-	eienskap
purification	-	suiwering
scientific	-	wetenskaplik
solid	-	vas, solied
sulphur	-	swawel
temperature	-	temperatuur
terrarium	-	terrarium
thermometer	-	termometer

MATHEMATICS - WISKUNDE

addition	-	optelling
algebra	-	algebra
area	-	oppervlakte
arithmetic	-	rekenkunde
calculation	-	berekening
calculus	-	rekenmetode
circle	-	sirkel
circumference	-	omtrek
diameter	-	middellyn
difference	-	verskil
division	-	deelsomme
equation	-	vergelyking
factor	-	deler, faktor
fraction	-	breuk
geometry	-	meetkunde
maximum	-	maksimum
minimum	-	minimum
multiplication	-	vermenigvuldiging
numeracy	-	gesyferdheid
parallel	-	parallel
perimeter	-	omtrek/buitelyn
product	-	resultaat
quotient	-	kwosiënt
radius	-	radius
ratio	-	verhouding
square	-	vierkant
subtraction	-	aftrekking
theorem	-	stelling
triangle	-	driehoek
trigonometry	-	driehoeksmeting
volume	-	inhoud, grootte

LIFE SKILLS - LEWENSVAARDIGHEID

addiction awareness	-	verslawingsbewustheid
communication	-	kommunikasie
computer	-	rekenaar
drug awareness	-	dwelmbewustheid
eating disorder	-	eetversteuring
financial planning	-	finansiële beplanning
first-aid	-	noodhulp
home economics	-	huishoudkunde
literacy	-	geletterdheid
numeracy	-	gesyferdheid
puberty	-	puberteit
safety	-	veiligheid
sex education	-	seksvoorligting
social awareness	-	sosiale bewustheid
study skills	-	studievaardighede
technology	-	tegnologie

© Berlut Books

WORDS FOR THE NEW MILLENNIUM - WOORDE VIR DIE NUWE MILLENNIUM

abortion	- **aborsie**
adventure playground	- **avontuurpark**
aerobics	- **aërobiese oefeninge**
AIDS	- **VIGS**
Aids sufferer	- **vigslyer**
alcohol abuse	- **drankmisbruik**
anorexia	- **anoreksie**
audio-visual	- **oudiovisuele**
Barbie Doll	- **Barbiepop**
boo-boo	- **blaps, flater**
bozo	- **vent, javel, swaap**
brainstorm	- **dinkskrum**
bulimia	- **bulimie**
bunjeejumping	- **rekbrugspring**
buzz word	- **gonswoord**
calculator	- **rekenaar**
CD	- **CD, kompakplaat**
CD player	- **CD-speler, kompakplaatspeler**
cell phone	- **sel(tele)foon**
city boy, slicker	- **stadsjapie**
clone	- **kloon**
club	- **klub**
computer age	- **rekenaareeu**
computer controlled	- **rekenaarbeheerde**
computer geek	- **rekenaarfoendie**
computer literate	- **rekenaargeletterd**
computer virus	- **rekenaarvirus**
couch potato	- **tv-slaaf, stoelpatat**
credit card	- **kredietkaart**
cult	- **kultus**
drug abuse	- **dwelmmisbruik**
drugtaker	- **dwelgebruiker**
drug addict	- **dwelmslaaf**
DVD player	- **DVD-speler**
eco-friendly	- **omgewingsvriendelik**
edutainment	- **opvoedvermaak**
electronic	- **elektroniese**
e-mail	- **e-pos**
e-mail address	- **e-posadres**
e-Toll	- **eTol**
fax machine	- **faksmasjien, telefaks**
fax message	- **faksboodskap**
foodaholic	- **kosslaaf**
gap year	- **oorbruggingsjaar**
gimmicks	- **foefies**
global	- **wêreldwyd**
grotty	- **goor, aaklig, ellendig**
guys	- **ouens**
health food	- **gesondheidskos**
health club	- **gesondheidsklub**
high fashion	- **hoogmode**
hip	- **fantasties, bak**
HIV negative/positive	- **MIV negatief/positief**
home industry	- **tuisnywerheid, huisbedryf**
internet	- **internet**
information technology	- **inligtingstegnologie**
jacuzzi	- **borrelbad, jacuzzi**
jet lagged	- **vlugflou**
jetsetter	- **stralerjakker**
karaoke bar	- **karaoke kroeg**
kick boxing	- **skopboks**
Mexican wave	- **Mexikaanse golf**
laptop computer	- **skootrekenaar**
load shedding	- **beurtkrag**
minibustaxi	- **minibustaxi**
mod cons	- **moderne geriewe**
mouse	- **rekenaarmuis**
network	- **netwerk**
ozone friendly	- **osoonvriendelik**
pizza	- **pizza**
recycle	- **herwin, hersirkuleer**
scratch card	- **krapkaartjie**
smartphone	- **slimfoon**
social network	- **sosiale netwerk**
stress	- **stres, spanningsdruk, werkdruk**
sushi	- **soesji**
tattoo	- **tatoe**
technology	- **tegnologie**
television	- **televisie**
text	- **teks**
trendy	- **modebewus**
twit	- **domkop, pampoenkop, mamparra**
tippex	- **flaterwater**
ultra	- **ultra..., hiper..**
user friendly	- **gebruikersvriendelik**
vegetarian	- **vegetariër**
video arcade	- **video-arkade**
video game	- **videospeletjie**
wanna be	- **na-aper**
weepy (movie)	- **tranetrekker**
women's lib	- **vroubevrydingsbeweging**
workaholic	- **werkslaaf**
yuppie	- **yuppie, jappie, klimvoël**
xenophobia	- **xenofobie**
zit	- **puisie**

Afrikaans is a modern, living language which constantly gives rise to new words.

HINTS TO IMPROVE YOUR AFRIKAANS

1. **READ AFRIKAANS BOOKS**
   - Read **'children's books'** where you already know the story in English e.g. Bible Stories, Myths and Legends, Fables, The Ladybird Books, Disney Books, Fairy Tales etc. Because you know the story, you will understand the Afrikaans easily and will be able to guess at the meanings of certain words. You need to remember that you are not reading the book for the story, but rather for acquiring vocabulary, spelling, sentence structure, word order and idiomatic language. When you find you are reading books such as these with ease, you will be able to progress to more advanced material.
   - Try reading the **Afrikaans versions of the books you enjoy** e.g. The Harry Potter books. You may find these difficult to read at first and you may have to look up many words, but it will be worth your while. (You don't have to understand every word. As long as you are getting the general idea, you are achieving your purpose.)

2. **READ CORRESPONDING COPIES OF ENGLISH AND AFRIKAANS MAGAZINES**
   Most of the articles in 'Huisgenoot' and 'You' Magazines are direct translations. Start by comparing the contents pages, headlines, advertisements, letters, television programmes, horoscopes, recipes etc. Progress onto the shorter articles and then the longer stories. Choose the articles that interest you most e.g. celebrities, pop culture and fashion. (If you are interested, you are more likely to persevere.)

3. **READ AFRIKAANS NEWSPAPERS**
   The news will be familiar and will therefore make sense. If you are interested in **sport** and aware of the sports results, scores etc, the articles will read more easily. Besides the main articles, there will always be articles of interest e.g. fashion, movie gossip etc.

4. **WATCH AFRIKAANS TELEVISION**
   - **Watch the News.** You will be able to follow what is happening from the pictures and from your knowledge of current affairs. You will soon understand the news with ease and minimum translation. The high frequency words will sink into your sub-conscious and you will be able to retrieve them when needed.
   - Watch **'Soapies'** for everyday conversation. You will be surprised at how much Afrikaans you understand without realising it. Some programmes have the advantage of English sub-titles.
   - Watch **entertainment**, **music** and **game shows**. Your armchair participation will get you involved and thinking in Afrikaans.

5. **LISTEN TO AFRIKAANS RADIO**
   Regional programmes, such as 'Radio Jakaranda', are bilingual and you will be exposed to colloquial Afrikaans - chatting, songs, news broadcasts, advertisements, competitions etc.

6. **USE EVERY OPPORTUNITY TO PRACTISE YOUR AFRIKAANS SKILLS**
   The more you speak, read and write Afrikaans, the better you will become.

7. **DEVELOP A POSITIVE ATTITUDE TOWARDS THE LEARNING OF AFRIKAANS**
   Afrikaans is a modern, living language that is uniquely South African. Besides improving your school grades, you will benefit culturally and in the work place.
   If you travel through Europe, you will be amazed at how close Afrikaans is to the Germanic languages of Dutch, Flemish and German.

IDEAS FOR TEACHERS
(Informal activities)

The outcome of learning Afrikaans is that your students should be able to communicate in Afrikaans. It is vital to give them the necessary practice in reading, writing and speaking Afrikaans.

1. **Encourage your students** to **read** Afrikaans books, magazines and newspapers, **watch** Afrikaans Television and **listen** to Afrikaans Radio. (see pg. 116 - Hints to improve your Afrikaans)

2. **Get your students writing**
   - Get your students to **do short writing tasks often**. They need the practice and you need to identify and correct their errors and areas of weakness. It is valuable to give them a different topic each week such as 'My familie', 'My stokperdjie', 'Ek is 'n moderne tiener' etc. The Vocabulary (Woordeskat) Lists at the end of the book, as well as the pages on 'Woordorde' (pg. 18) and 'Werkwoorde' (pg. 109), will act as a stimulus and help them to work independently.

     By asking them to write only short paragraphs, **(5 to 10 sentences)** you can mark the work quickly and give them feedback while the work is still fresh in their minds. They will probably put the verb in the wrong place e.g. 'By my skool **ons** leer....' or they will use the adjective incorrectly e.g. 'Ek gaan na 'n wonder**lik** skool.' After you have corrected their work, they will understand and become aware of their recurring errors.

   - Get your **weaker students** writing by translating their English sentences into Afrikaans.
     This is totally against previous Afrikaans methodology, but it works!
     Students should write a few simple English sentences (subject, verb, object and maybe an adverb of time, manner or place) and leave a line between each sentence. They then fill in the corresponding Afrikaans words in a different colour below each sentence. They can also add in appropriate adjectives and adverbs and join some of their sentences with conjunctions. They may want to start some of their sentences with their adverbs to avoid repetitive sentence structures.

     SIMPLE ENGLISH = BEAUTIFUL AFRIKAANS

I live in a house in Johannesburg.
Ek woon in 'n pragtige huis in Johannesburg.
My house has three bedrooms, a garden and a swimming pool.
My huis het drie slaapkamers, 'n kleurryke tuin en 'n blou swembad.
All my friends come to my house.
Al my vriende kom altyd na my huis.
My mother bakes cakes.
My ma bak smaaklike koek.

     After they are satisfied that they have done all they can to enhance their original simple sentences, they should write these as a paragraph.

     > Ek woon in 'n pragtige huis in Johannesburg (met) drie slaapkamers, 'n kleurryke tuin en 'n blou swembad. Al my vriende kom altyd na my huis, (want) my ma bak smaaklike koek.

     What they have produced is a correct, competent piece of Afrikaans writing. They will feel very proud of their work. With time, they may discover that they can write simply and accurately without this framework.

3. **Get your students speaking**
   - They should **prepare a short speech** each week, either for homework or in the first ten minutes of the lesson. Use this as part of your continuous assessment. Again give them a topic from one of the lists and remind them to look at the 'Woordorde' and the 'Werkwoorde' pages. By speaking often, they will begin to get a 'feel' for the language and will improve their vocabulary and word order. You can, in fact, get them to **speak their 5 written sentences each week. By listening to each other's speeches** they will learn from each other's mistakes. An awareness of errors will lead to an understanding of how to avoid them.
   - **Provide a variety of opportunities for students to chat** e.g. students may spend the first ten minutes on a Monday morning telling the class in one or two sentences what they did over the weekend. They will enjoy sharing their **news** and will benefit from speaking as well as from listening to their class mates. Gently correct pronounciation and word order problems. They will soon get used to saying, 'Op Sondag **het ek**....

4. **Build Comprehension Skills** (Begripsvaardighede pg. 61-65).
   Give students a short passage to read, either in class or for homework. **They should pretend that they are the Teacher** and prepare a Begripstoets on the article, using as many of the questioning techniques and question words as possible. They should also allocate marks and supply the answers. This will get them to focus and to read for meaning. It will help their comprehension skills as they will be aware of how questions are formulated.

5. **Build vocabulary informally.**
   a. Play Afrikaans **BINGO** with your students to get them to learn their **numbers**. They will soon learn that vyf-en-twintig is 25.

   b. An exciting way to get students to learn their **vocabulary** (woordeskat) is to play **WORD BINGO** with them. They are given a topic of words to learn e.g. 'Die Plaas'. They should make Bingo Cards for homework, using as many of these words as possible. In class you call out the English word and if they have the Afrikaans equivalent, they can cover it. This encourages them to learn their vocabulary.

BOER	KOEI	KRAAL
TREKKER	**DIE PLAAS**	VARK
HOENDERS	PERD	PLOEG

6. **When teaching Afrikaans Spel,** students should sound out the words phonetically in syllables.
   Afrikaans is a phonetic language - you spell it as you say it.

   speelgoedwinkel should be learned as **speel / goed / win / kel**

   hamburgerfrikkadel should be learned as **ham / bur / ger / frik / ka / del**

7. **Personalise activities wherever possible**
   e.g. in order to teach Indirect Speech (Indirekte Rede) make a copy of the class photo. Cut out the faces of the students and paste these faces underneath each other. Draw a 'bubble' coming from each mouth. Either fill in an appropriate quote for each student or let them fill in their own quotes (with restrictions). Make photocopies of this sheet. They then have to repeat in Indirect Speech (Indirekte Rede) what each of their class mates have said. This is far more enjoyable than repeating the words of unfamiliar people.

Afrikaans is maklik! If your students are positive about Afrikaans, you are winning! Ek hou van Afrikaans!

TEACHING AFRIKAANS IN CONTEXT

Use a newspaper or magazine article that is current, relevant and interesting.

Together with the **Afrikaans Handbook & Study Guide**™, you will succeed in covering most aspects of the Afrikaans language.

> Students need to read, write and speak Afrikaans as often as possible!

THIS LESSON PLAN COVERS THE FOLLOWING:

READING - LEES

The well-chosen article will provide interesting material for reading aloud. You can gently guide students into correct reading and pronunciation.

COMPREHENSION - BEGRIP   See Begripstoets - Leesvaardigheid pg. 121

Every article, no matter how short, may be analysed by means of the following:

who - **wie**
what - **wat**
where - **waar**
when - **wanneer**
why - **waarom/hoekom**
how - **hoe**

> This helps students to focus and 'read for meaning'.

GRAMMAR - TAAL   See article pg. 120

You will be able to comment on, teach and revise various Taal structures throughout the article.

WRITING - SKRYFWERK   See Begripstoets - Leesvaardigheid pg. 121

The summary (**kort opsomming**) provides the opportunity to recognise and remediate the errors of each individual student. This is difficult to do with essay writing, which takes a long time to mark and return. It is useful for continuous assessment purposes.

SPELLING - SPEL

You can compose a dictation exercise based on the story. This can be marked together in class and certain rules can be taught and revised.

ORAL COMMUNICATION - MONDELING

By using the article for ideas and inspiration, students can prepare their own speeches.

CREATIVE ACTIVITIES - KREATIEWE AKTIWITEITE

Where relevant, the article will provide a springboard for a host of creative activities such as letter and postcard writing, diary entries, newspaper articles, interviews, advertisements etc.

> Teaching in context lends itself to quick working and quick marking.

Artikel afgedruk met vergunning van Beeld.   BEELD - 22 FEBRUARIE 2007

Tonge klap oor Britney

sinoniem – moeg, afgemat
'n Kwarteeu oud en skynbaar **pê**.
dit is   betreklike voornaamwoord   trap van vergelyking
Dís Britney Spears **wie se** gedrag al **vreemder** word.
lydende vorm   samestelling
Daar word gevrees die **popprinses** en ma van twee is op die
                                      verkleinwoord
rand van 'n ineenstorting ná 'n bisarre **uitstappie** Vrydag vir 'n nuwe voorkoms.
            meervoud   voorsetsel   Amerikaanse stad
Die paparazzi se **kameras** het oortyd gewerk toe sy **in** 'n haarsalon in **Los Angeles** stap
              idiomatiese taal   begin met voegwoord – groep 3
en eis al haar hare **moet waai**. **Toe** die haarkapper huiwer, **het** Spears 'n knipper gegryp
           sy is nou 'n kaalkop   afkorting
en haar kop self **kaal** geskeer, berig **IMDb**.com.
         vroulike vorm   bywoord   deelteken   intensiewe vorm   meervoud
Die **sangeres** is **daarna** na nog 'n salon vir tatoeërmerke: 'n paar **helderrooi lippe** op
voornaamwoord   voorsetsel
haar pols en 'n swart, wit en pienkkruis **op** haar lae heup.
        eienaam   woordeskat – beroep + een konsep = een woord   byvoeglike naamwoorde
Emily Wynne-Hughes, die **tatoeërkunstenaar**, meen dié **drastiese nuwe** voorkoms
                              antoniem van stabilitiet
weerspieël emosionele **onstabiliteit**.
direkte rede – aanhalingstekens   kappie   bywoord
"**Ná** Britney hier uit is, het ons vir mekaar **gesê** ons het **pas** 'n ster op die rand van 'n
koppelteken – vir spel   sinoniem – afgetrokke   aandagstreep
senu-ineenstorting gesien. Sy was **afwesig** en deurmekaar – dis definitief 'n hulpkreet".
klem   trap van vergelyking   getal – skryf uit in woorde
Dié omstredenheid is die **jongste** in Spears se kort lewe as superster, wat in **1999** begin
         getal   kappie   werkwoord
het toe sy as **17-jarige** tiener oornag wêreldroem **behaal** het.
      voegwoord   idiomatiese taal   byvoeglike naamwoord
Maar **terwyl** haar loopbaan daarna **van krag tot krag** gegaan het, het haar **private**
         idiomatiese taal
lewe **die tonge laat klap**.

BEGRIPSTOETS - LEESVAARDIGHEID

NAAM: DATUM:

ARTIKEL: GRAAD:

WIE?

WAT?

WAAR?

WANNEER?

WAAROM / HOEKOM?

HOE?

KORT OPSOMMING:

NOTES - NOTAS

'N ONDERWYSERGIDS
VIR
THE AFRIKAANS HANDBOOK AND STUDY GUIDE™

TAKE EN UITKOMS

OM U TE HELP MET DIE

BEPLANNING, VOORBEREIDING

EN ONDERRIG

VAN AFRIKAANS

TAALTAKE (Bladsye 5 – 59)

Leerlinge moet leer om:
- verskillende sinstrukture te oefen – stellings, uitroepe, bevele en vraagsinne
- voegwoorde te gebruik om sinne te verbind
- van eenvoudige sinstrukture te vorder na saamgestelde en komplekse sinne
- werkwoordpatrone en tye te oefen met die gebruik van vandag, gister en môre om mee te begin
- tyd, wyse en plek te gebruik sowel as voorwaardelike frases en bysinne
- leestekens te verstaan en te oefen
- ooreenstemming tussen onderwerp en werkwoord te oefen
- voornaamwoorde te oefen - in pare of in groepe
- situasies te oefen waar die direkte en indirekte rede gebruik word (en andersom)
- situasies te oefen waar die bedrywende en lydende vorm gebruik word (en andersom)
- selfstandige naamwoorde te vervang met sinonieme en toepaslike byvoeglike naamwoorde by te voeg
- werkwoorde te vervang met intensiewe werkwoorde en toepaslike bywoorde by te voeg

Opvoeders behoort:
- speletjies te organiseer tussen pare of groepe leerlinge sodat hulle verskillende strukture bv. sinonieme, antonieme, homonieme en homofone kan oefen
- geleenthede te bied vir die onderrig, bespreking en dramatisering van idiome en figuurlike taal
- leerlinge in situasies te plaas wat formele en informele taalgebruik vereis – omgangstaal, groeptaal, brabbeltaal en polities-aanvaarde taalgebruik
- situasies te skep wat leerlinge kans gee om emosievolle taal te herken – subjektiwiteit/objektiwiteit, denotasie/konnotasie, feit/opinie, partydigheid/vooroordeel, propaganda en sensasionalisme

LEERUITKOMSTE

- 'n kennis van taalstrukture en gebruike wat leerlinge sal help om korrekte taalgebruik en doeltreffende kommunikasie te behaal
- die korrekte gebruik van woordorde en 'n begrip van hoe dit betekenis beïnvloed
- die geleidelike vordering na meer komplekse sinne
- om die vermoë te gee om werkwoordpatrone en ongewone werkwoorde korrek te gebruik
- om gevorderde taalpatrone op te bou wat vir meer spesifieke kommunikasie sorg
- die korrekte gebruik van leestekens wat begrip sal verbeter, taalverwantskappe aandui sowel as klem lê
- 'n begrip van die ooreenstemming tussen onderwerp en werkwoord gee – dit is dikwels 'n probleem vir tweedetaal leerlinge wat nog nie 'n 'gevoel' vir die taal het nie
- die korrekte gebruik van voornaamwoorde en werkwoorde wat 'n goeie aanduiding is van tweedetaal begrip
- die vermoë om verslag te lewer van 'n gesprek deur voornaamwoorde en tye doeltreffend te verander
- die vermoë om die lydende vorm korrek en doeltreffend te gebruik
- die opbou van 'n breë en doeltreffende woordeskat
- die toepaslike gebruik van idiome en figuurlike taal wat die gesproke en geskrewe taal sal verryk
- die gebruik van gewone omgangstaal in alledaagse kommunikasie
- die herkenning van geskikte en toepaslike taal in sekere situasies
- die vermoë om objektiewe en subjektiewe taal te herken en gebruik
- om die verskil tussen direkte en geïnsinueerde taal te herken asook tussen denotiewe en konnotiewe betekenisse

© Berlut Books

BEGRIPSTOETS (Bladsye 60 – 68)

Lees en begrip gaan hand aan hand

Leerlinge moet leer om:
- vir begrip te lees – om woorde in prentjies te verander
- stil of hardop te lees en dan die wie, wat, waar, wanneer, hoe en hoekom te bespreek
- hoofidees te indentifiseer en bespreek
- hoofsinne en die ondersteunende sinne te identifiseer
- artikels in hulle eie woorde op te som en te bespreek
- verskeie vraagtegnieke en vraag-en-opdrag woorde te herken en te verstaan
- 'n kennis van verskillende begripsvaardighede te ontwikkel
- die rol van die onderwyser aan te neem en self vrae oor die teks te stel

LEERUITKOMSTE

Leerlinge sal:
- begrip demonstreer deur al die vrae korrek en akkuraat te beantwoord
- tekste lees om 'n algemene begrip van die inhoud vas te stel
- tekste deurlees om inligting, feite en opinies, standpunte en doeleindes te bevestig
- inhoud kan voorspel deur vrae te vra
- lees- en luisterstrategieë gebruik om inligting te kry en geskikte antwoorde te gee
- aantekeninge maak van die hoof- en ondersteunende gedagtes
- notas, kontrolelyste en opsommings maak
- herroep en verduidelik wat hulle gehoor en verstaan het
- opdragte uitvoer en aanwysings volg

LEES (Bladsye 60 - 68)

Lees en begrip gaan hand aan hand

Leestake:
- lees en kyk strategieë vir genot, inligting en begrip
- stil of hardop lees en dan die inhoud, karakters, interaksie, storielyn, temas, hoofidees, woordkeuses, teikengroep, register, styl, luim, toon, ens. bespreek
- bespreek waarom hulle van 'n boek hou of nie
- ander boeke in dieselfde soort noem
- opvolg met boekverslae

Leerlinge moet ook blootgestel word aan die vier tipes lees:
- loerlees – teks vlugtig lees om 'n oorsig te kry
- soeklees – lees om spesifieke inligting te bekom
- omvattende lees - 'n langer teks lees vir genot, of inligting lees wat 'n breër agtergrondkennis nodig het
- begriplees – korter tekste lees om spesifieke ingligting te bekom – noukeurig lees vir die besonderhede

LEERUITKOMSTE

Leerlinge sal die volgende tekstipes lees en verstaan
- voorgeskrewe letterkunde
- aanvullende tekste bv. romans
- tydskrifte en koerante
- advertensies, brosjures, pamflette, plakkate, etikette, kennisgewings en roosters
- naslaanboeke soos ensiklopedieë, woordeboeke en thesaurusse

'n Bekwame leser sal
- al vier leestegnieke op 'n gepaste manier gebruik – loerlees, soeklees, omvattende en begriplees
- geskrewe en visuele tekste lees en daarop reageer
- die doel en die teikengroep van 'n teks vasstel
- toepaslike inligting en besonderhede vind
- die standpunte in 'n teks identifiseer en aanvullende bewyse verskaf
- aanvullende bewyse kan gee om antwoorde te motiveer

SKRYFWERK (Bladsye 69-83)

Leerlinge sal die volgende leer:
- om skryfwerk met die gebruik van 'n dinkskrum, breinkaarte en storielyne te beplan
- die belangrikheid van paragrawe
- wenke om skryfwerk te verryk
- wat om te vermy
- hoe om te redigeer

Leerlinge sal leer en oefen om verskillende metodes te gebruik om opstelle te skryf:
- persoonlike skryf
- verhalende skryf
- beskrywende skryf
- oorredende skryf
- besprekende of verduidelikende skryf
- skryfwerk gebaseer op visuele stimuli

Leerlinge sal die verskillende tipes funksionele skryf leer en oefen:
- vriendskaplike / informele briewe
- saaklike / formele briewe
- briewe aan die redakteur
- koeverte adresseer
- poskarte
- uitnodigings
- dagboekinskrywings
- notules
- koerantartikels / -verslae
- tydskrifartikels / -verslae
- glanstydskrifartikels
- redakteursbrief
- verslae
- formele verslae
- opsommings / précis skryf
- dialoë / onderhoude / dramatekste skryf
- pamflette
- reklame
- elektroniese kommunikasie

The volgende kreatiewe aktiwiteite kan gebruik word om OBE te bevorder
- skoolkoerante
- skooltydskrifte
- boekverslae
- bloemlesings
- outobiografieë
- kortverhale
- opdragte uitvoer
- curriculum vita (CV)
- poësie

LEERUITKOMSTE

Leerlinge sal:
- idees vanuit 'n dinkskrum in 'n struktuur neerskryf
- inligting en data organiseer en dan op 'n logiese en duidelike manier aanbied
- hoofsinne en hoofidees neerskryf
- hoofidees uitbrei in paragrawe, aanvullende idees en verdere besonderhede byvoeg
- hoofsinne opbou en in paragrawe uitbrei
- skakeltegnieke gebruik bv. voegwoorde en bysinne
- 'n verskeidenheid tegnieke gebruik om sinne mee te begin
- die korrekte toon en register vir 'n taak gebruik
- styl, toon en retoriese tegnieke identifiseer wat by die teikengroep en doel pas
- beplan en skryf om kreatiewe doeleindes te bereik bv. brief skryf (vriendskaplike briewe, briewe aan die pers, navrae en reaksie), verskillende paragrawe en opstelle (beskrywende, redenerend, verhalende, feitelike of wetenskaplike skryf) kortverhale of poësie
- beplan en skryf vir leerdoeleindes bv. notas, verskillende tipes vrae beantwoord, opsommings, feitelike en redenerende skryf
- skryfwerk meer doeltreffend maak met die gebruik van verskeie stilistiese en letterkundige middels bv. letterlike en figuurlike taal, beeldspraak en simbolisme, herhaling, emosionele woorde, humor, leestekens en pouses, verhalende skryf, woordkeuses wat aan kultuur en konteks sensitief en toepaslik bly
- inhoud redigeer om feite, lengte, toepaslikheid en logiese volgorde te bereik

Genotvolle, kreatiwe aktiwiteite sal selfvertroue sowel as 'n positiewe houding teenoor Afrikaans opbou.

Leerlinge sal bewus word dat Afrikaans nie net 'n skoolvak is nie, maar ook 'n waardevolle metode om te kommunikeer.

'n Goeie begrip van die Afrikaanse taal sal die leerlinge se taalvermoë verbeter.

LETTERKUNDE (Bladsye 84-90)

Die volgende sal gebruik word om letterkunde te analiseer
- titel
- milieu, agtergrond
- karakters
- storielyn / verhaal
- temas en ondertemas
- styl
- toon
- luim / atmosfeer
- register
- doel / oogmerk
- vergelykende letterkunde / inter-tekstuele lees

Leerlinge sal die gebruike van die letterkundige opstel leer en oefen.

Die volgende sal gebruik word om poësie te leer:
- digters en hulle eras
- ontleding van gedigte
- verskillende digterlike vorms

LEERUITKOMSTE

Leerlinge sal:
- die agtergrond, knoop, karakters, stylistiese en letterkundige tegnieke, temas en idees identifiseer
- herken hoe die storielyn, konflik, karakters en verteller in 'n roman, kortverhaal of gedig ontwikkel
- herken hoe woordkeuse die toon en atmosfeer van 'n teks beïnvloed
- luim, hoogtepunt en anti-klimaks herken

Leerlinge sal 'n logiese en oorredende letterkundige opstel kan skryf.

Hulle sal bewus wees van die belangrikheid van styl sowel as inhoud.

In poësie sal leerlinge:
- verskillende digterlike vorms identifiseer en verduidelik
- herken hoe strofe, rym, ritme en leestekens betekenis kan vorm
- verduidelik hoe woordkeuse, beeldspraak en klankmiddels die luim, betekenis en tema beïnvloed

MONDELING (Bladsye 91-95)

Leerlinge sal die volgende tegnieke leer:
- hoe om 'n doeltreffende spreker te wees
- voordrag van 'n toespraak
- suksesvolle kontak met 'n gehoor
- die belangrikheid en korrekte gebruik van sleutelkaarte

Leerlinge sal leer om die volgende saam te stel en te oefen:
- 'n voorbereide toespraak
- 'n onvoorbereide toespraak

Leerlinge moet ook geleenthede kry om die volgende tegnieke te oefen:
- persoonlike gesprekke
- groepgesprekke
- telefoniese gesprekke
- stel van en reaksie op vrae
- rolspel
- dramatisering
- dialoë
- verhale oorvertel

Hulle sal die volgende debattegnieke leer en oefen:
- formele debat
- 'n forumdebat (spantoesprake)

Leerlinge en onderwysers sal in die volgende deelneem:
- voordrag van poësie of prosa
- groeptoesprake / spreekkore

LEERUITKOMSTE

Leerlinge sal
- idees op 'n logiese en samehangende manier uitdruk
- 'n dialoog aan die gang hou deur boodskappe oor te dra en dan op 'n toepaslike manier daarop te reageer
- standpunte uitspreek en bespreek
- op 'n geskikte manier groet in verskeie sosiale kontekste
- verskeie vorms van groet gebruik
- aanwysings en opdragte gee
- argumente verdedig
- gesprekke aan die gang hou
- bewus word van hoe uitspraak die begrip van die luisteraar beïnvloed
- spraakwyses ontwikkel soos styl, toon, woordkeuse, register, klem, lyftaal en gebare, stembuiging, dialek, herhaling, retoriese vrae, stemtoon, volume, tempo en pouses
- nie-verbale strategeë soos kopknik, oogkontak, gesigsuitdrukkings, handgebare, aanraking en toongebruik

Gesonde debat is akademies stimulerend en bou karakter

Openbare optredes op dié gebiede sal
- 'n genotvolle ondervinding verseker
- selfvertroue and selfrespek opbou
- die talente van die leerlinge vertoon
- die talente van die skool in 'n wyer arena vertoon

WOORDESKAT (bladsye 96-115)

Die woordeskatlyste begin met basiese woorde wat gereeld gebruik word en vorder na onderwerpe vir opstelle.

Elkeen van die 37 lyste bevat die woordeskat en idees wat nodig is vir daardie kategorieë
Die woorde sal baie goeie materiaal verskaf vir mondeling sowel as skriftelike kommunikasie

Baie van die gedeeltes in die taalafdeling is ook nuttig om woordeskat uit te brei

Die woordeskatlyste is ook nuttig as spellyste wat van basiese woordeskat na spesifieke terminologie vorder

LEERUITKOMSTE

- Leerlinge sal geleidelik woordeskat opbou binne die raamwerk van spesifieke kategorieë

- Met toegang tot noodsaaklike woorde en idees sal leerlinge se selfvertroue verbeter wat hulle sal aangemoedig om meer te gesels en te skryf

- Deur woorde in sinne te oefen, sal leerlinge die woorde leer verstaan en spel

- Leerling sal woordvaardighede, taal en sintakses, woordoorsprong, voor-en agtervoegsels gebruik om die betekenis van woorde aan te leer

SPELLING

Gebruik die volgende afdelings om die spelling baas te raak:
- Meervoude
- Verkleinwoorde
- Trappe van vergelyking
- Byvoeglike naamwoorde
- Bywoorde
- Geslag
- Diieregeluide
- Mense, lande en tale
- Deelwoorde
- Tyd en getalle
- Sinonieme
- Antonieme
- Vergelykings
- Intensiewe vorms
- Samestellings
- Algemene foute
- Suiwer Afrikaans
- Nuttige woordeskat

LEERUITKOMSTE

- Leerlinge leer ken die spelreëls en spelpatrone
- Die logiese spelpatrone gee leerlinge die vermoë om woorde korrek te spel

NOTES - NOTAS

Apotheke → Kontaktlinsenfluss, Minoxid
SURFSHOP → TRADE IN?!
ABRECHNUNG FRIEDE bis DATO → PARA DUB + AD
SURFTRIP → Dr. Adkins   → DAVID → ?
         AUTO
WG B SOMMER ??

NOTES - NOTAS

spoor • fisher

create it. own it.
www.spoor.com

patents • trade marks • copyright

Our ref: GM3003196/SLG

Date: 17 June 2016

Dear Sirs

COPYRIGHT – ENGLISH HANDBOOK & STUDY GUIDE; AFRIKAANS HANDBOOK & STUDY GUIDE; MATHS HANDBOOK & STUDY GUIDE; ISIZULU HANDBOOK & STUDY GUIDE; ACCOUNTING HANDBOOK & STUDY GUIDE

Our client Berlut Books CC is the owner of the copyright in the books **"English Handbook and Study Guide"** and **"Afrikaans Handbook and Study Guide"** and **"Maths Handbook and Study Guide"** and **"IsiZulu Handbook and Study Guide"** and **"Accounting Handbook and Study Guide"**.

These books are protected as a literary work in terms of the Copyright Act 1978.

Only our client is entitled to reproduce the work in any manner or form.

Infringement of copyright takes place when a person makes a copy of the work or a part of it without the authority of the copyright owner.

Simply distributing photocopies made by someone else of the work or part of it is also an infringement of copyright. Copyright notices clearly appear in the books.

Infringement of copyright is a criminal offence. A person convicted of an offence may be liable to a fine of up to R5 000.00 or up to three years in prison, or both for <u>each</u> article to which the offence relates. Heavier penalties may be imposed for a second conviction.

Both the person making the photocopy and the person distributing the copies to learners (if not the same) may be guilty of the offence. The conduct of the educator may impact on the school itself and visa versa.

Our client is also entitled to apply to court for an interdict to stop the unauthorised photocopying or distribution of the copies, damages and delivery up to our client of the infringing copies.

Our client views this matter in a very serious light. Your co-operation in ensuring that these unlawful activities do not take place in your school is greatly appreciated. Please bring this to the attention of your educators, administrative staff and learners.

Yours faithfully
Spoor & Fisher

Stephen Goldberg

Direct Tel: +27 12 676 1136   E-mail: s.goldberg@spoor.com

Pretoria
Tel +27 12 676 1111 **Fax** +27 12 676 1100
Web www.spoor.com   **E-mail** info@spoor.com   **Docex** Docex 61, Pretoria   **Vat No** 4920107895
Post PO Box 454, Pretoria, 0001, South Africa   **Street (courier only)** Building No. 13, Highgrove Office Park, Oak Avenue, Centurion, Pretoria, 0157

Also in Johannesburg, Cape Town and Jersey, Channel Islands